JN438157

바람은
길이다

조영래 시집

문학공원 시선 234

바람은 길이다

조영래 시집

시인의 말

군더더기 말

천년을 산다는 푸른 솔아, 바람길을 부여잡고 그토록 오랜 세월을 버티며 인간들의 생사고락 속에 얽힌 이야기를 들어주었으니 네 삶은 그것으로 충분하다. 그것을 들어주고 말하는 바람에게 한마디씩 보태져서는 바람의 행랑에 넣어 후생들에게 배달꾼이 날라다 주니 이야기가 천지간에 흩어진다.

현대 인조공간이 들어찬 도시와 그 연결망은 인연 따라 바람 따라 연결통로 따라 권력 따라 시스템 따라 돈 길 따라 사막 낙타 대상들이 뚫어 놓은 길을 따라 문명이 이동되고, 현대 자본주의 경제는 금융 즉 돈길 따라 그 이전에 원인들의 발자국이 집적되어 난 길을 따라 그 바람 길에 얹어 그들의 말과 이야기를 실어 보내었고 앞으로도 그렇게 될 건가?

삶과 죽음 사이에 길을 잃고 헤매는 한 인간에게 햇

볕과 별과 너른 대지와 푸른 하늘과 바다는 천혜의 보물이다.

어쩌면 우연의 산물일지도 모르는 인간, 온갖 고뇌와 씨름하며 헤쳐 나가는 일생에 인간은 찬사를 받아 마땅하다. 하지만, 어제도 오늘도 인간의 본능적 사고체계는 먼 시대의 원시인이나 현대인이나 시공간의 변화와 생체적 유전자체계의 차이는 미미할 뿐이지만, 대단한 업적을 이룬 승리자마냥 기고만장한 현대인들에게 필요한 미덕은 잠잠하게 자신을 돌아보는 시간이다.

경쟁에서 밀려나더라도 비 오는 날 하염없이 걷고 싶은 자신에게 모든 상황에 대처하는 조그만 용기라도 낼 수 있는 계기가 생긴다면 자신과 더 가까워지는 시공간을 빌어 바람은 더 따뜻하게 찾아올 것이다.

2023년 마지막 달 삼성산 아랫마을 누옥에서

조 영 래 올림

차례

1부 택배기사의 하루

2부 귀향을 꿈꾸는 카레이스키

차례

3부 숙명을 걸머진 보름달

4부 열매의 의지

1부

택배기사의 하루

노동자의 보호수

교정 둘레에 담도 없는 변두리 학교
측백나무가 둘러쳐진 운동장
밖은 논밭이 십여 리 펼쳐진 곳
배고프고 허기진 시절
고개 넘고 못[池] 들[野] 지나
배움의 전당으로 아침 일찍 어린 새들이 날아든다
외진데 감나무 세 그루는 개구쟁이들 보호수
어린 눈에 새겨진 추억 따라
예순 넘어 찾아가고픈 아련한 곳
신이 선포하신 가장 거룩한 존자
존경과 위엄의 신전이나 다름없었지

가난한 노동자의 스승이자
허기진 친절과 평등을 나누어주신 유일한 분

갈증은 실밥 터진 허욕

중앙아시아 키르기스스탄 사막
왕방울 눈은 혀 속에 숨은 키 맞추기
시베리아 철로는 영원한 평행선
강물을 다 퍼마셔도 가시는 법이 없다
날아오는 잽은 상대방의 붉은 탐색조
네 속이 후련한 종소리 없이 끝난 게임은
심판 열 손가락 흔들어도 갈증은 황소 숨을 쉰다
징용 간 오라비 소식 날개 부러진 거나
납북된 신랑 꽁지머리 빠져 버린 거나
심장을 긁어내는 애절함은 손톱에 낀 때
피딱지 고름이고 뇌도 곪아 썩어간다

손뜨개질 실밥 터지면
실올이 마당 밖 동네 한 바퀴 돌아온다는데
갈증은 생리고 욕구불만 허욕이다

격포항 주꾸미 축제에 가면

하루살이는 1일 손님
매미는 1주일 여름 방문객
주구미는 1년 살이 봄의 전령사
거북이는 천년지기
사람은 백 년 살이 교만한 최상위 포식자
지구를 절멸할 포악한 호모 사피엔스

부안 격포 갯벌 비릿한 바닷가
파도가 혓바닥을 날름거리는 소라고둥 빈껍데기
알 낳고 살이 포동포동 오르는 고향마을
나일론 줄로 엮은 올가미 조심조심
잘못 걸려들면 유리 수조로 이사 가야 해
갯벌 청소한 죄밖에 없는 네 육신은
토막 나 꾸물거리고 참기름 발릴지 몰라
쌀밥 먹물주머니도 털릴지 몰라

콜레스테롤 낮춰주는 우수한 식품

타우린에 필수아미노산, 피로회복제
저 칼로리 성분 자랑하지 말거라
노림수에 걸려 신곡의 질곡에 빠질지 몰라

벌 나비는 꽃가루와 꿀을 주고받으면서
6,500만 년 동안 생존한 비밀은 협력이야
인간은 고작 20만 년밖에 안 되잖아!

오동통한 네가 안 잡혀가도
1년밖에 살지 못함을 원망마라
부하 방류하면 유전자는 영원히 살아
너른 바다 한 생애
무심낙천(無心樂天)
미각 쫓는 초등 친구를
부활 축제에 초대하고 싶어진다

모든 기념물은 허상이다

이집트 피라미드는
영생불멸이라는 허욕으로 쌓은 바위산
돌로 쌓아 올린 허물어질 구조물
돌은 돈이며 미세입자의 시원(始原)일 뿐이다

생물은 물을 잃으면 미라가 되거나,
무생물은 분자나 원자의 격자구조가
일그러지고 소멸해 날리는 먼지가 될
모든 조상(彫像), 오벨리스크 형상도
허상일 뿐이다

태양의 아들이 내려와 지은 스톤 헤지는
돌 구조물이고 미세 돌 성분의 집합체이자
돌 격자(格子) 라티스(Lattice)가
일시적으로 지지될 뿐이고
마침내 허물어지고 멸하게 될 허상이다

도래인의 흉내를 내어 한때의 움터 임을 잊고
사람이 사는 주거지는 돈으로 쌓아 올린
돌집의 허상일 뿐
허공에 제비집을 짓는 어리석은 도시인의 주택도
돌 격자(格子)와 같을 운명이 될 뿐이다

로마 · 그리스 문명은 인간이 석물로 신전을 짓고
노예의 노동과 고혈로 건조물을 쌓은 역사적 흔적이며
신성(神聖) 허구의 혼돈 속에 붙잡힌 돈의 노예일 뿐
돌 구조물 모든 형상은 우상이요 허상일 뿐
태초 우주 광야에 믿음은 펼쳐져 있었고
허공은 존재한다

독도는 우리의 초병

우리 순라꾼이 도는 동해 먼바다
동도와 서도는 파수꾼이란 임무를 선다
어깨동무한 형제섬은 이웃해
주민 등록한 시민도 함께 살고 있다
신라 이사부가 우산국 때부터
우리나라 땅 화산섬 둘
맑은 물 황금어장에
한류 난류가 서로 만나
의좋게 섞여 합쳐지고 갈라진다

바다제비, 괭이갈매기, 슴새의 보금자리
희귀한 지하광물이 숨겨진 곳
해조류의 보고를 초병이 지키는데
마른 하늘 아래 누가 엿볼 수 있을까
일본시험선이 왔다 갔다 해도
눈 크게 뜬 젊은이가 있어
우리나라 우리 땅 거기에서 숨쉰다

바람은 길이다

물결은 호수에 갇히어 잔잔하다
황혼은 말이 두려워 그림자 하나를 던져 놓고
장바닥이 포장을 걷고 침묵한다
맹꽁이는 아스팔트 포장길 건너
생사 고개를 넘어 무엇을 위해
포란(抱卵)은 어디에 숨겨둘까
삶은 비탈지기 일쑤다고 푸념할 따름
습지에 들어앉은 빈 조각배
주인을 잃어버린 채 낡아가고
일렁이는 물결을 따라
정(靜)과 동(動)이 일체가 되어간다
영(靈)과 육(肉)이 자연화되는 길은
저편 사구(砂丘)에 백색 바람을 만나
허공 먼지로 희미해져 가는 길에
사막 모래 쌓이며
너와 나의 꿈이 걸어간다

꽁초의 일생

자신의 육신 온몸을 사르어 피워도
향기가 아니냐고 모두 기피한다
양초는 육신 공양에 버금가는
찬사를 받으니 비유가 된다
일생을 불태워 살아도 대접이 소홀하다
불평할 수 없는 못난 놈이라고
손가락질에 설움 당하니
처량할 것이다만 네 운명을 자족하거라

청량한 가을날에 예쁜 옷 입은 낙엽이
우수수 떨어져 와 동무해 주니 잘 살은 인생이여
때론 농부의 굵은 손가락에 끼워져 근심을 덜어주고
청춘 남녀의 순한 손이 널 노리개 삼아주고
젊음이란 환희를 공유해 볼 수 있기도 하고
시대의 석학이 고심을 가까이 살펴볼 기회도 주어지고
귀부인 가냘픈 손에 얹혀 희고
부드러운 마사지 호사도 받고

인간의 고달픈 넋에 무엇이 되었든 보탬되는 존재이다

피워낸 연기는 폐부 깊숙이 들락날락하며
깊고 깊은 비밀과 희열을 같이 누리기도 하며
그들에게 이성을 찾아라 냉정을 일러주고
'방탕해선 안 돼'라고 달래주기도 하는 존재이다
기막힌 너의 존재가 너의 나신이
마침내 거침없이 길바닥에 내동댕이쳐질지라도
질겅질겅 씹히다가도 훅 버려지더라도
서럽거나 애달파 할 이유가 없겠네

제발 공해가 안 되는 삶이기를 삼신할미께나 빌려무나
세상살이 두루 한바탕 연극하는
인간이 부럽기나 할까만
하얀 하늘에 맹세코 넌 잘못한 게 없으니
당당하거라

택배기사의 하루

새벽 시동 걸고 잠이 깬 탑차는 집하장을 향해
안개 속을 생동감 넘치게 생활전선으로 내달려 간다
하치장 컨베이어 벨트가 상자를 꾸역꾸역 뱉어내면
선별작업으로 짐 싣기에
거의 오전을 꼴깍 넘기고 말지만
일 초도 낭비됨이 없어야 해
한 손엔 운전대 다른 손엔
김밥을 쥐고서 아점을 때우고
차 기름값으로 벌이의 절반 날려 버릴지라도
정든 고객이 기다리는 배달지로 출발한다
허연 숨을 길게 내뿜으며 엘리베이터에 탄 어느 날
한 할머니는 칭찬인지 위로인지
'그 나이에 일하는 게 장하다'라고
차량도 과로도 안전도 상자파손도
책임지는 나는 노동자가 아닌 사장님
주급 수당 받는 택배기사가 사장이니까
들고 뛰고 달려도 아내도 상자도 군말이 없다

용대리 황태 덕장에서

북풍에 내맡긴 설악산 한계령은
검은 투구를 쓴 채 풍설에 끄떡없이
자리를 지키는 장수라 불러 주더라도
악산(嶽山)은 두터운 눈이불을 덮어쓰고
고개 넘어가는 허리춤에
양지바른 덕장에 널린
배는 양 갈래 갈라져 해부된 채
얼어붙은 나신은 명태인가 동태인가
생명을 저당 잡혀 명태도 동태도 아닌 것이
얼었다 녹았다 날이 풀려라
그러면 황태라는 새 이름으로 불리울 가련한 몸
깃대에 박제된 미라가 세월을 기다리며 매달려서
용대리 덕장 저 아래 산야는 희끗희끗
빈 곳은 봄이 오기엔 아직 이른데
공개처형당한 시신은 시절을 재촉하지만
황태로 되살아나 저자 갈 길에 아직 날은 차다

퇴촌 가는 길

전쟁을 치른 도시를 뒤로하고
지친 육신이 제 갈 길을 재촉하며
흐느적흐느적 찾아드는 길
순풍에 경안천 아치 다리를 훌렁 넘어
코끝이 상큼하다 싶더니 가슴이 확 트인다
산 아래 정자 지나 보금자리는 저만치인데
얼음 녹아내린 냇가 버들강아지는
어린 소녀 귀밑 솜털을 닮아 보송한 손을
한들한들 흔들며 반가이 맞이하는 마을 어귀
물도랑 졸졸대는 청음이
오늘따라 자잘하게 귓전에 속삭임에
시골 아낙 치맛자락 사그락사그락 화음에
신명 나 고독한 춤을 춰본다
태양의 계절 이글대는 정열
살찌는 경안천 늪에 드문드문 백로가
평화롭게 적자생존 사냥하고 있네

세한도(歲寒圖)를 읽다

언덕이고 깊은 산골이고
풍설에 당당한 소나무는
험한 세상을 탓함이 없이
하얀 침묵 속에 늘 아름답다
계곡은 백설에 묻혀
청아성은 가늘게 이어지더라도
얼음장 밑을 기어가는
침잠의 몸부림일 터
심심한 영혼이 섬에 갇혀
그대 동지사 멀고 먼 길
언제 돌아오시려나
발싸개라도 보내드리리다
꿈속에 만난 이가
솔잎 옷 입은 신선인가
잊지 않고 서책을 품고 오신다니
환희송 대신 한 점 그려 올려보내 드리리다

첨성대(瞻星臺)를 보면서

60년대 소년은 열두 살
수학여행지에서 첫 대면한 석조물
사각 돌을 층층 쌓아 하늘에 닿아
별을 관측하는 대(臺)
천정 우물정 사각 둘레석 위에 판목을 깔고
수많은 별들의 군집을 더듬으며
우주의 철리 그 원천은 호기심의 발로
하늘은 둥글고 땅은 네모지다
로마역사 천년 콜로세움 장대 위풍 자랑한들
상단 12층, 하단 12층, 일 년 열두 달 24절기를
신라인은 일 년 365일 공덕을 하루도 잊지 않고
하늘에 쌓아 올려놓고야 만 의지에 비할 수가

상원(上元) 하방(下方)의 우아한 몸매
몸통 27단은 27대 선덕여왕을 준숭해
여인의 치마 선을 닮아
신라인은 옷의 미학을 사랑하는 모태신앙이리라

4.19학생 혁명 희생자를 추모하며

헌법 전문에 4.19혁명 정신을 이어받아
민주주의 나라를 이룩하라는
그 뜻은 천명이요 하늘의 계시(啓示)다

인민의 피를 빠는 독재 원흉을 단죄한
거룩한 의거이자 젊은 학생은 분연히 일어난
지워질 수 없는 자랑스런 역사이다
프랑스 혁명보다 영국 명예혁명보다
미국 독립선언보다 더 소중한
이 땅의 거룩한 선언이다
젊은 영혼의 희생은 국민이 나라의 주인이며
민주주의를 부르짖던 그 함성
피를 먹고 자라는 민주정신이다
4.19 학생혁명 젊은 희생자를 추모하는 날에
한 맺힌 정신을 잊지 말자는 염치없는 생각은
4.19정신 계승자를 지도자로 뽑지 못한 엄연한 현실은
아직 미완이며 떨치지 못한 구국의 염원이다

유기농민의 항의

돌아갈 젊은 영혼은 태초로 회귀할
상념(想念)을 간직하고 황혼 햇살은 구름 낀 사이로
제 갈 길을 비질하다 까맣게 타버렸나
시궁창에 빠지더라도 한 치 어김없이
선한 눈을 그리워한다
백두대간 힘찬 기운을 사방에
흩뿌려 산맥을 만들어 내고
호랑이 그림에 조각 유역을 구분지어 물길이 트였더니
남한강 북한강은 천명을 따르는
접주 소임을 다해 오더니

너 한강은 담을 쳐 물길 막아서는 자(者)를 만나더니
황하도 원천은 초라한 샘이 천(川)과 강을
수수 겹 보태어 서해로 흐르는 것을 잘 알고 있을진대
화가 난 건가 허욕을 감춘 건가
분노 조절이 안 되는 턱에 막힌 건가

두물머리에 닿아 숨차 올라 지표 자락에 소용돌이치고
산 아래 네가 감싸 안아주는 둥지까지 떠밀려와
팔당호 유기농 터는 허물어지고
낯선 자전거 길을 긋고 말더니
맛깔스러운 공약은
농부의 가슴을 긁어대는 허언이 되었다

어느 용사의 기념비

대지에 덩그렇게 서서 버티고 있는
전쟁의 혼령이 소리 없이 살아가고 있는 집
아우성치던 혼돈의 전장 터는 희미한 기억
안개 낀 산하에 비스듬한 언덕은 시름을 뒤집어쓴 채
발버둥치던 어느 젊은 용사는
더운 날 돌 위에 이름 새겨져
돌에 박제된 영혼은 끈질긴 생명을 후세에 전하려고
춘하추동 비바람 폭풍과 번개가 치더라도
불평 없이 자리를 지켜온 의지가
먼 산에 메아리가 되어 사라지더라도
전쟁 논리나 기록에 도전할 용기는
애초에 생각지 못했더라도
천근만근 근엄한 자세로 흩트림 없이
평화의 메신저에 도전하는 돌
기념비가 풍우를 이겨내고 있다

코로나 뉴딜

지구촌의 철칙은 나비와 꽃이 공생하는 것임에도
인류가 흉포한 욕망의 덫에 빠져
공존의 서식지를 갈아 먹었으니
행성의 운명을 쥔 여신은 종의 멸종이란 카드로
집을 잃어버린 바이러스를
공공·공생의 장에 초대할 수밖에 없을 것이다
백신 개발은 천운이 따르면 1년 걸린다는데
자본가계급의 경제위기는 그 고통을
노동자와 서민에게 전가시킬 게 뻔한데
인류는 뭘 해야 하나
공동협력이 답일까
자본의 힘 '공간이 곧 이윤'을 중단시켜
토지와 공간을 되돌려 공공·공생화할 것이며

부족한 의료시설을 국유화하고
노숙자를 재워주고 먹어주고
불평등을 역전시키는 길이 '코로나 뉴딜'이다

삼막사 가는 길

1.
삼성천 거슬러 내딛는 신묘한 동력은
그리운 이를 떠나보내며
이별의 정도 나누지 못해서일까
막술에 취해 밤길을 걷다
날 새는 줄도 모르는 허기진 날
잃어버린 푸른 가을 음지에 숲은 침묵해
밝은 빛 한 뼘 가을 양지에 앉은 바위
서늘한 기운이 옷깃을 잡아
머리까지 뒤집어쓴다

2.
명상의 숲은 허파를 내주고
길은 바위 반 돌 반 흙만 낙엽에 숨어 바스락거린다
훤칠한 청년이 차지한 자리
삼막사 토굴에 석상으로 화하여
봉을 들고 가부좌한 원효굴

세 수도자를 뜻하는 삼막(三幕)이라
바위를 깎아 갈아낸 감실에
인자한 산신의 얼굴 양편에
두 동자와 웃는 호랑이상
치성을 드리던 민초들
세상 소리를 들어보라는
화두는 수천수백 년 이어져
서울 저자에 낭자하고 급박하나
가을 수목 아래 빛을 쳐다보러 간 길

3
추일서정 얇은 기분으로
밝은 빛이 가냘픈 낙엽을 투과한 하나의 빛줄기는
뇌리를 꿰뚫어 시각 회로
접점에 도마뱀 한 마리
국기봉 바위틈으로 네다리를 딛고
사는 생태계 짐승
내 몸 하나 안온하게 녹아들어 갈 곳 없는
어찌 기(氣)를 길러주는 미륵불 세상인가

갈매기의 꿈

남극으로 날아가고 싶다
조나단 갈매기는 날마다 거친 바다를 배경으로
주인공이 되어 자유로이 공간을 구불구불 날며
꿈이 영글어 갈수록 비행궤적은
점점 높이 더 멀어져간다

남극은 탐험가의 발길이 닿기 전 미지의 세계
미라조차 얼어붙는 백색 천지
이념과 관습은 빙하 속에 박제되어 버릴 운명일 뿐

갈매기가 긋고 지나간 비행궤적을 따라
가난한 어부 자식 머리에 온통
조그마한 요트라도 마련해 보려는 생각만이 가득
노동에 지친 피곤과 함께 쓸쓸히 귀향한다

갈매기도, 어부 자식도, 요트도,
정박할 수 있는 항구도, 젊은 영혼도

꿈꾸던 세상은 자유 나라일 것이다
남극은 진정 머나먼 자유로운 백색 세계라 되뇌이며
갈매기는 그 날고 싶은 것이다

소년의 꿈은 꿈대로

과수원 사과꽃 필 무렵
밀 보리가 나무 사이사이 서걱대며 커가네요
흙먼지 뒤집어쓴 강아지와 씨름하는 아이는
거름 져내는 아버지의 기대를 먹고 자라지요
검은 머리 소년은 화제(畵題) 속으로 들어와
손에 보따리 하나 들고 길을 잃어버렸나요
길 묻기가 부끄러워 머뭇대며
동네 어귀를 빙빙 돌기만 하지요
공원은 정원사의 푸른 직장
반질하게 손질하고 간 자리는 풋내가 넘쳐나고요
동물원 구성원들 큰짐승, 새들의 노래를 담아
오케스트라 연주를 지휘하는 소년이 있었네요

아버지는 아버지대로
어머니는 어머니대로
아이는 아이대로
소년은 소년대로 꿈을 키워내지요

고흐의 밀밭은 노란 오로라(Aurora)

어제 밤하늘 은하 세계는 서늘하였는데
북극 자력선 하전 입자(粒子)가 떠돌이
기체와 충돌해 남빛 섬광(閃光)이 초록 밀밭을
누렇게 익히도록 필사의 노란 붓질을 해야만 해

봄날 연두를 덧대어 칠한 손바닥은 녹색 감잎
녹엽 두께가 벌써 덥다 못해 반바지 짧은 소매
속살이라도 비치는 차림은 은은한 향내
얇은 흰 윗도리는 이른 여름 턱을 삐죽 내민다

오늘 낮 내내 동동거리며 치자 물감 불볕은
해바라기밭에 내리 쏟아붓겠지만
따갑게 내리쬐려는 그 붓질은 처음부터
교회 첨탑 위 반짝이는 밤별들

동녘을 열어젖힌 대장장이가
풀무질 불꽃을 피워내는 곳은

숯검뎅이 땀내 나는 귓밥이
떨어져 나간 이글거리는 캔버스이다

해바라기 꽃잎은 시들은 부다페스트의 소녀
거무스레 익어가는 씨앗은 소년의 원죄
68혁명 군중들이 수형 밧줄 그늘에 앉아
다리 쉼하는 히피들과 두려워하지 않는 청신남 청신녀

잡초 목을 자르는 교수형구 기요틴(guil · lo · tine)은
폭력 탱크라고 비난받지 않는 물질주의자
오대양에 넘쳐나는 반전 모드는
원죄 거부하는 생ㅌ태주의자(生態主義者)
아노미(anomie)에 빠진 장화를 붙잡는 진창바닥이다

유라시아 평원의 포성은 부드러운 흰 빵과
깃털 잠자리를 탐하는 잠든 궁전들의 유혹
분노지수가 내동댕이쳐진 크메르 킬링필드의 백골들
마시다 만 적포도주 잔에 증발한 알코올은 살생 DNA

생사 위기에도 놀라지 않는 종달새야 날아라

키 큰 수목 그늘을 찾아 종일토록
클래스룸에 맑은 웃음과 푸른 눈
앙부일귀(仰釜日晷)*의 바늘은 고흐의 황색 꿈이고
현몽한 노랑 태양은 '마더 데레사'이기 때문에
생물 무생물에 어떤 차별성도 두지 않는다.

* 앙부일귀(仰釜日晷): '귀(晷)'는 '그림자 귀(晷) 자(字)'를 떼면 노란 태양을 가르치는 바늘을 가진 솥 모양의 시계이다. 노란 태양은 만물에 차별성을 두지 않고 공평하게 끝없이 사랑의 눈길로 따뜻한 손길로 어떤 대상에 상관없이 돌보는 마더 데레사이다.

2부

귀향을 꿈꾸는 카레이스키

우리의 영토는

간도, 연해주
연해주 북쪽 해안 따라가며
아무르주, 예벤키자치주, 츄지반도
캄차카반도, 베링해협, 알류산열도
심지어 알류산열도의 동쪽 끝
알래스카 앞 아막낙 섬까지

청나라 망하기 일보 직전
러시아인이 두만강 넘어와 국경표시 말뚝 박고 간 땅
청 · 러의 북경조약 체결을
조선은 영문도 대책도 없이 줘버린 땅

피 한방울 흘리지 않고
옛 발해의 영토를 러시아에 넘겨주고
지금도 발해족 고리악족이 살고 있다니
알류산열도 동쪽 끝에 애절한 모국 향수가

아막낙섬에 삼천 년 전에
사용한 고래잡이 선조의 온돌 흔적
고래 뼈로 만든 탈, 한민족 유물은 나뒹굴고

강토여!
주인 찾아 영토회복 희망의 끈을 놓지 말라

한민족 동포는

일만 년 동안 대륙과 해양을 넘나들며
바이칼호를 기원으로 만주든 서역이든
몽골이든 연해주든
지금은 남의 땅 빼앗긴 대평원 · 들일지언정
한민족 코리언의 고향이고 삶터이다
중국동포가 조선족이 아니듯
러시아동포가 고려인이 아닙니다
어찌 우리 코리안 동포들이
어찌 그들이 유라시아의 뜨내기 집시입니까
늘 그곳에 살다가
조선을 못 믿는 청(靑)이 봉금령을 내려
잠시 물러 나왔다가 국호가 뭐로 바뀌더라도
다시 고향 삶터로 돌아간 것입니다

아득한 옛날,
남 · 북방의 쌀농사 문명과
천지인(天地人) 삼성지하(三聖之下)

하늘 자손의 문명이 하나로 합쳐졌던 길
첫걸음을 뗄 때부터
어울려 홍익인간의 뜻을 널리 펼쳤던 곳
어떤 고난에도 사람이
곧 하늘 천(天)이라는 섭리를 순응하는 민족

복합문명의 길을 스스로 포기하고
어언 천년을 순혈주의에 빠져 담을 쌓아
반도에 갇혀 사대부 수탈 근성에
사농공상 분열주의에 빠져

망국과 동족상잔에 이어 분단과
4강의 그물에 고통을 겪고 있지만
생존과 번영과 민주주의의 3대 기적을 낳은 나라
온전히 줄탁동시(啐啄同時)[1] 행자상지(行者常至)[2]하여
분연히 혜안의 해탈 초인이
구름 떼로 강림하시어 평정하리라

---

1) 어미 닭도 밖에서 껍질을 함께 깨주어야만 병아리가 무사히 나올 수 있다는 의미이다
2) 묵자의 말 : 행위는 세상 사람들에게 이로움을 줘야 하며, 말과 행위는 서로 어긋남이 없어야 한다.

러시아동포의 강제이주 역사
- 라즈도로노에 역

블라디보스톡과 우수리스크의 중간에 있는
작은 기차역 강제 집결지
볼품없는 시멘트 역사도 딱딱하고
회색과 검은색이 칠해져 굳어있다

대합실은 늘 덩그렇게 텅 비어
신호수도 없는 간이역에
단추를 풀어 헤친 제복 입은 한 사람은
나타났다 어디론가 사라지고
역할이 무언지 알 수 없지만 늘 휑한 느낌을 준다

상인 한 사람만 나와 무언가를 팔고 있는 곳
1937년 스탈린의 강제이주 명령은
'일제에 첩자 노릇을 방지하기 위해'라는 명분으로
연해주에 살던 25만 명 중 17만5천 명의
고려인들을 중앙아시아로 보내질 때

‘선을 넘는 녀석들’에 나오는 라즈돌노예 역은
연해주 편의 마지막 장소로 나왔던 곳
스탈린의 강제이주 정책으로 힘겨운 삶을 살며
나라 잃은 국민들의 설움에 대한 이야기었다

대륙을 잇는 시베리아 횡단 열차 TSR
상하행선이 교차하는 간이역
100~200량짜리 열차가 수시로 지나치는 사이에
바람을 마주하며 중심 잡기조차 어려워
열차에 곧 빨려 들어갈 것처럼
지구에서 고립된 땅 동포의 아픈 슬픔이
뒤섞여 혼돈에 빠진다

하루아침에 살림 챙길 틈도 없이
시베리아의 겨울 혹한 지붕도 없는 가축용 화물열차에
중앙아시아 카자흐스탄, 우즈베키스탄, 타지크,
키르키즈, 러시아, 이스파한, 우수리스크 등으로
죽음의 길을 떠나 칠흑 같은 밤에 버려져
언 땅을 파고 잡초를 덮어
움막 속에 살아남은 고려인들이다

어른들도 견디지 못할 추위와 배고픔 속에서
1937년 동갑내기가 없다
갓난아이들은 모두 죽었다고 증언은 말한다
1/3 가까이가 얼어 죽었다고 한다

살아남은 고려인들은
중앙아시아 카자흐스탄과 우즈베키스탄의
척박한 땅에서 농지를 개척하여 살아남아
소련이 해체된 뒤에는 다시 연해주로 돌아왔다
드디어 라즈돌노예 역이 보인다

아무것도 없는 벌판에 작은 역사만
하나 달랑 서 있는 작은 역
82년 전에 이곳에는 아무것도 모른 채
소집 당한 고려인들이 모여서 기차를 탔었지…

이주를 시키려고 한 것인지
죽이려고 한 것인지 구분이 안 될 지경이었지만
그날의 흔적은 아무것도 찾을 수 없어
왠지 모를 쓸쓸함과 아련함이 몰려온다

간단한 농산물과 차를 파는 아주머니
한 명이 보이는 사람들의 전부
기차역의 플랫폼 길게 뻗은 기찻길…
저 방향으로 9,200km 달려가면
모스크바가 나온다는 거네요…

간단히 둘러보고 다음 목적지인 김정일 생가로 출발
김정일 생가는 라즈돌노예 역에서 700m 떨어진 곳에
김정일 생가 주소 : Ulista Lazo 88, Razdolnoye

기차역 내부의 대합실은 정말 아무것도 없네요
추운 겨울에 바람이나 겨우 피할 수 있을 정도의
간단한 대합실

다음 일정은 이상설 유허비,
크라스키노의 신한촌, 안중근 단지동맹비를 거쳐
발해성터까지 들러야 하는 시간되었다

아메리칸드림을 회상하며

피카소가 태어난 미하스 마을은
스페인 말라가 해변 도시 산 중턱에
지붕이며 벽이 온통 하얀 마을
동굴교회 성모상 얼굴은 검은색과 대조된다

부활절 자그마한 마을에
축제 거리의 하이라이트는
골목마다 돌면서 바구니가 빌 때까지
아이들에게 사탕을 뿌리는 것

미하스 전통 음식을 즐기는 사람들
하얀 풍경을 추억의 사진에 남기고 싶은 이들
마차를 끄는 말을 돌보는 하얀 마을 원주민들
지중해를 바라보며 탄성을 지르는 사람들

지중해 바다의 파도는
대서양을 건너 아메리칸드림을 꿈꾸던

젊은 날의 회상을 끄집어내
반대편 신대륙 아메리카로 날갯짓해 보내려무나

연해주 부여 유적

중원 요동반도 연해주 이어져 오는 요지
먼 옛날 모피 무역거래에
위나라 화폐가 쓰인 유물이 나와
또 동검은 부여 동검이라
초기 옥저 부여 교역 증거로 삼아
위서(魏書) 동이전(東夷) 문헌에
세형동검은 부여 동검
발해 쌍봉낙타는 서역 교류의 증거
서라벌 신라 토기는 날개 돋친 교역을 증명하는 유물
발해만 얕은 바다가 토석 혼축한 염주성을 쌓아
선조는 부국강병 길 열어 해양 세력이 강성했으리
켜켜이 쌓인 먼지 속에 잊혀진 사서(史書)에
햇볕이 내릴 때까지 목이 터질 지경이라도
어릿광대 놀음하는 후손이 있어 속죄의 변을 높여
뭇사람을 부르짖어 깨우쳐 우뚝 세우고 말리라

연해주(沿海州)의 염주성(鹽州城)

옛 발해의 영토는
발해족, 고리악족이 고구려의 언덕에
씨 뿌리고 사냥하던
청동검 유적이 발견된 곳
큰 산 넘어 훈춘 가는 길
삼각지점 포시에트는
연길, 청진, 블라디보스토크로 이어지고
평원 농지는 넓고 기름지다
훈춘은 발해의 동경
발해의 일본 출항지
쌀농사 잘 짓는 조선 동포에게만 허락된 땅
하산역 지나 두만강역에 이르는
연추는 상연추, 중연추, 하연추로
여기 염주성은 얕은 바닷가
연해주(沿海州)의 토석성 터

귀향을 꿈꾸는 카레이스키

시베리아 설국열차는 칠흑 속에 묻히어
어두운 동물 칸에 주린 배를 안고
설움에 겨워 눈물조차 말라 꿈틀거림도 없는데
눈동자는 감았는지 뜨고 있는지

동토에 버려진 내 동포의 가련함이여
얼은 대지를 손으로 긁어 움집을 마련해
인식의 고단함은 추위와 맞서 살을 부벼야
생명을 이어가 봄날을 맞이할 수가 있다

태곳적부터 살아 온 조상님은 묵묵부답이어도
강제로 떠나게 된 격한 서러움이 목에 차올라도
그간 정내는 타향 마을이 여기저기 흩어져 있어
이웃 간 드문 발길이 닿아 더한 외로움을 덮어주었지만

얇은 의복을 파고드는 추위에 길고 긴 겨울밤
배고픔과 병마를 이겨내어야 할 시련이라 할지라도

꿈속에서라도 수만 리 장천을 날아가 보려나
단 하루라도 값진 귀향이 주어진다면
진달래꽃밭을 붉혀보리라

남극 외딴섬 쌍무지개

남극 가까이 아스라이 먼 외딴섬
하늘은 에메랄드빛을 흘려 내려주고
파도는 푸른 향기를 모래사장에 덧칠하는 바닷가는
하얀 이를 드러내며 철퍽거리는 손님을 맞는다
버려진 플라스틱 페트병도 없고
폐비닐도 전혀 없는 천연의 자리
인적이 드문 모래사장은 멀리까지 말끔하다
멀어진 대양 사이만큼 별자리가 더 멀어진다
바다 끝 간 데 잠자는 수면 위로 행운의 요정이
빨주노초파남보 무지개 하나를 던지더니
연거푸 한 쌍을 더 지어내어
쌍무지개를 선물해 주시는 운수대통한 날이다
무지개 구름다리를 놓아
행운의 요정께 소원을 말해볼까
신화 한 토막을 들어볼까
요정과 인간이 만나는 가교로 삼아볼까

두 성자(聖子)와 어머니

골고다 언덕의 십자가 성자의 죽음은
슬픔과 비탄의 피에타
어머니 마리아는 아들의 주검을 안고 있는
모자상(母子像) 피에타
바티칸 베드로 성당의 피에타 조상은
르네상스 시대 당시의 이상과
자연주의의 균형을 이룬 작품이라는 평판에
의문은 신학적 우월이냐 예술 우월이냐 어느 쪽일까
미켈란젤로가 완성한 유일한 조상 피에타는
신권이냐 인권이냐 논쟁 속에
성인의 신령하고 엄숙한 성상이기도 하나
부드럽게 늘어져 있는 더 인간적인 성상이다
석가모니 어머니 마야부인은
도리천에 다시 태어나 부처의 설법을 들었다는데
동해 일출을 맞으며
염화미소를 짓는 석굴암 미륵석상은
인간세계를 초월한 우주인가 석조 예술품인가

로마 신전에서 하루 햇볕은

묵언 중에 따갑게 내려앉아 졸고
카피톨리노 언덕에 유피테르 신전
그의 아내 유노 여신과 딸 미네르바 일가족은
로마인의 기도처
신전의 기초만 남은 흔적아
양질의 진흙이 풍부한
검누런 색의 투포(tufo)라는 돌이여
무슨 말이라도 하거라
광장 맞은편 카피톨리노 박물관의
비너스는 천년을 넘게 살아남아
생채기 하나 없이 미끈한 피부는
신앙인가 미학인가

카노사의 굴욕은 뒤집힌 가면을 쓴 어두움
광신의 폭풍은 언젠가는
부수거나 강물에 던져지거나
석관 속에 안치되어 구덩이에 감추어 버린다

메시아의 꿈

존엄한 자의 대리인이시어
장황한 문장에 나타난 실체는
장막에 숨어서 무슨 짓거리를 하더라도
음흉한 수작을 걸어와도 환영받지 못하리라

추운 비바람 뿌리는 바다가 숲에 사는
황금색 의복을 입은 자
그 검은 옷자락이 거리를 쓸고 지나갈 때마다
악취가 풍기는 냄새와 같이 안개 속으로 사라진다

일 년 내 땀으로 쌓아 올린
벽돌은 노예이고
거대한 돌무덤
피라미드는 파라오

그대들이 내 버리는 구정물을 먹고 사는
나일강 삼각주 습지의 어족은

그것으로 충분히 먹이로 삼아
암수 사랑을 나누며 희로애락을 즐기고
산란하며 종족을 보존한다는데
그 물속 세상을 들어가 탐사해 보아야겠다

도시 외곽으로 예외 없이 밀려나는
집시들은 모닥불을 피워놓고 둘러서서
익숙한 노래와 춤을 몸짓으로
눈물만 여독에 녹여내는 것은 아니다

비린 갯가 선창에
계절풍은 신기를 부린다
바람의 일생을 바다 뒤집기로
허비하는 것은 아니다
왜냐하면 그것은 새로운 유기물을 공급하기 때문이다

내 손과 발이 움직이는 한
착취당하는 소작인
그대들의 영혼이 맑은 날 약속하리라

마지막 순간까지 목숨을 다하여
전쟁 영웅들 귀족 종교지도자 모든 권력자를
지배계급들이라고 역사를 쓴 기록자들이여
싸움과 투쟁, 약탈의 문명은
인간의 탈을 쓴 악(惡)이더라

천지 만물 생명들 그대들은
여행객으로 영원히 남아
문명을 비평하는 목격자로 남아
인간의 모든 소행을 후세에 고발하리라

어미 잃은 낙타

어두운 방에
눈꺼풀 처진 화가는
손을 흠뻑 적신 물감 자국으로
외출하기를 두려워한다

동백꽃 한 소쿠리 담아
화사한 밝은 날 내 앞에 선
꽃잎마다 붉은 울음은
공포의 방을 채워주는 포옹이다

몽골 사막에
어미를 잃어버린
어린 낙타의 울부짖음
세상을 잃은 목이 쉰 상실감

현과 활은 말꼬리 털로 만든
마두금 선율은 완벽한 조화

너희 지친 영혼을 달래주는
악사의 부드러운 손길

동냥젖을 물리는
어미 낙타의 눈물은
희열이 넘쳐나는
초원의 바람결이다

몽마르트르 소녀들이 모자도 쓰지 않고

파리 사람들의 일상생활과 거리의 모습
햇볕이 내리쬐는 노르망디 지방풍경과
센강 따라 펼쳐지는 프랑스 풍광
프랑스 인상주의 화풍은 큰 획의 역사 긋기다

산업혁명 이후 변화의 현대성에 매혹되어
말과 기차, 다리와 부두, 지하철 기차 플랫폼
돛단배와 휘날리는 깃발은 자연뿐만 아니라
움직이거나 정지한 것들이 모두 대상이 된다

연기와 하늘 구름 무희들 물과 반사광
빛의 화가들은 회색과 검은색을 버리고
일렁이는 물결에 뜬 그림자에 색을 입혀
실제적인 톤은
전통적인 명암으로부터 이탈해버려 인상적이다

파리 북동부 클리쉬가(街) 입구

'라튀유 아저씨네' 전설적인 레스토랑 옆
'카페 게르부아' 한 문학카페에서
마네와 인상주의 화가들이 화요일마다 모인다

노동계급 거주지역
최선의 일은 가난한 삶을 긁어모으는 세계이다
해가 기운 맑은 여름날 저녁
특히 일요일 휴일에 들뜬 사람들의 진정한 놀이장소

먼 조상 아테네인과 한 자매가 되는
몽마르트르 소녀들이 모자도 쓰지 않고서
행복에 부풀어 걱정이라고는 없는
환한 웃음을 띠고 끼리끼리 거리를 오간다

산책 나온 여인들 맵시는 어찌나 멋진지
미술가들은 모델을 구하러 일부러 거리에 나오기도
파리내기의 우아함이
고전적인 위엄과 한데 어우러져 있다
지방 악센트가 거칠긴 해도
재잘거리는 젊은 목소리는 생기발랄하다

타향살이하시던 아버지가 그립다

초가지붕 옹기종기 연기 피워 오르는 고향마을
빨간 홍시 까치밥을 움켜쥔 감나무 가지가 울고 있네
앞섶 풀어 헤친 농군 옷차림도 그리울 텐데
낯익은 고갯마루 위에 올라 하늘을 이고 돌아서서
추녀에 제비가 박 씨를 손에 얹어주는 봄이 와도
옷고름 입에 물고 분만의 고통보다
더한 이별을 잊을 수가
새암 물 길어 물동이 머리에 이고
어머니는 새악시 가슴으로 사랑가를 부를 제
적록색 배암은 원죄를 삼키고
붉게 갈라진 혓바닥은 울음을 날름거릴지라도
눈 내리는 산비탈 토끼는 구멍을 헤집어 숨어들고
봄 나비가 자주색 엉겅퀴 향연을 찾아드는 고향
솔숲에 우는 장끼야 무슨 사연이냐
붉은 울음, 허전한 심산은 네 탓이 아니어라
돌아가신 할아비 혼령이 대밭에 서걱거리는데
앞들 가로질러 타향 출행하신 아버지가 그리워 설웁다

내 인생 최고의 선물은

한 해 가을 초입 산복도로는 말끔한데
낙엽이 하나둘 날리던 날로 기억해
기쁘기도 하며 두렵기도 한 날이었지
첫째는 다음 해 여름 새벽 무지개를 신고 와
샛별 동자로 푸른 북소리를 울리며 왔었지
정월 초하루 대청봉 눈길을 뚫고
하얀 세상이 지붕을 덮어 사방이 고요한데
둘째는 이른 아침 어머니의 산통 끝에
감격 시대의 나팔 소리로 왔었지
첫 손자와 둘째 손자는
할아버지 할머니께 또 외할아버지 외할머니께
세상 최고의 선물이 되고도 남아
아빠 엄마도 말할 수 없는 기쁨이었지
의좋은 형제는 어김없이 선한 제 짝을 찾아
백년가약을 맺게 되었으니 주님의 은총이요
손녀 하나가 꼬물꼬물 커가는 기쁨은
어진 아내의 감사기도 덕택이다

첫째 아들 혼인날

차가운 동풍(凍風)을 뚫고 매화향이 날리더니
너희들 아름다운 언약의 기쁜 소식을 들고서
따스한 봄날 열린 사립문 사이로 왔더구나
아해야 바르고 아름다운 너희들의
천년 인연이 매화 꽃망울 터뜨려
사랑스럽게 씨방을 꾸미려 애쓰는 날이 왔구나
한땀 한땀 날줄 시줄 엮어 보련다고
성큼 다가온 성하(盛夏) 초입 길일(吉日)을 잡아
손을 청(請)하여 천지인(天地人)에 고하러 섰구나
아비는 강화 마니산에 올라 참성단에 기도드리고
어미는 경당(敬堂)에서 하느님 은총에 감사드리며
영고(寧古) 동맹(同盟)의 잔치판을 벌리어
정성스러이 옷을 차려입은 얇은 신을 신고
이 기쁨을 친지와 벗과 이웃에 나누자
손잡고 너울너울 껑충껑충 춤을 추고 싶은 혼인날이구나

* 2015년 7월 25일 첫째 아들 혼인날 시아버지 덕담에 대신하여

둘째 아들 혼인날

엄동설한 솔밭 숨죽인 사위에
청솔가지 눈에 덮여서 누르는 힘에 겨워
뿌지직, 가지 부러지는 소리가 사방으로 퍼져 나간다
놀란 길짐승이 발걸음 흔적조차 없이 달아나고
저기 빈 들은 새 한 마리 날지 않는
삼동(三冬)에 하얀 설국(雪國)이 펼쳐진 채 눈부시다
눈 덮인 빈 들 청솔 숲길 건너
정든 마을 겹겹이 초옥(草屋)
옹기종기 어깨한 지붕 위엔 두텁게 쌓인 눈
여기저기 멀리 가까이 흩어진 조각들은
색색이 어우러져 모자이크를 완성한다
산야에 박혀 있는 모든 조각은
생명체의 눈으로 하늘을 쳐다본다
구불구불 동구밖길
실개천 서넛이 합쳐져 개울이 되고
골목길은 마을 속 깊이 선을 그린 오감도
모자이크 조각 뜸들의 모듬인 듯

하얀 연기를 내뿜는 이른 아침이 눈부시다
삼동(三冬) 이웃은 새하얀 입김을 내뱉으며
달리는 설국 기차가 된다
얼어붙은 대지를 녹이며 길을 내 걸음을 재촉한다
산 여울지나 안 마을 잇댄 지붕 사이로
고깔 차양이 눈부신 날
기름 전 부치는 소리
기름 알갱이 구수한 냄새
모이다 흩어지는 깔깔대는 웃는 소리
갈라지는 아낙들 수다와
촌로들의 헛기침 소리가 섞갈린다
소동들 달음박질하며 내지르는 소리
잔칫날 흥을 추이는 소리가
모두가 그리워하던 풍경이 구성되어 한마당을 짓는다
그립고 즐겁고 아름답고 정겨우며 성스럽기 조차하다
말끔히 비질한 황토색 초례청 마당
한 다발 햇살이 난반사되어
선연히 설국으로 퍼져 나간다
저리도 눈매 고운 새아기는 이마조차 희디흰데
삼동(三冬) 지나 들풀 하나 돋아나듯

꽃이 되어 사랑스러운 안뜰에
봄맞이 화원을 마련할 언약을 맹세하는
혼인날에 춤이라도 추어 볼거나

* 2017년 1월 21일 둘째 아들, 며느리 맞이하는 혼인날을 맞이하여 덕담을 대신에 하여 쓴 사설조 시

벗님을 여의며

허망치 않는 인생(人生)이 어디 있겠소
누님 두고 뭣이 급해 그리 싸게 간다오
내 가슴은 덜커덕 쿵 쿵 내려앉던 날
벼락 천둥이 쳐 울어대던 날

가을비는 무심히 내리겠소
하늘도 애석해함이요
그날 보리밭 넘어 문둥이 울음처럼
소리 내 펑펑 울었소

가는 벗님아
후손이 든든하니 걱정 마시고
벗님을 표본 삼아
잘살게 되리오

벗님이 살아오신 길은
험한 세상에 웃음꽃 심고

물 주고 거름 주는 으뜸 업적이요
그대 쌓아온 공적은 미(美)의 삶이요

훌훌 털고
천지간에 천국행
즐거이 가시오
시리더라도 난 쉬이 보내리라

이 가을 노란 은행잎 내리면 생각나리다
샛노란 카페트를 걷는 호사를 누리며
우쭐대지 않는 품새는 벗님이 가르쳐주신
겸손 덕택이니 조신하게 걷기만 하지요

시월이 가고 눈보라 칠 한파가 오면
나지막한 목소리로
따스한 손의 온기로
내 여윈 손과 가슴을 녹여주시던 임이 그리울거요

* 2019년 11월 11일 소천하신 류태정 스테파노 형제님을 그리워하며 조시(弔詩)를 바칩니다.

보금자리의 주인공들

어머니의 산고를 디디고
눈꺼풀을 붙이고 태어난 아기
별천지 구경을 언제 하려나
엄마 품에 새근새근 잠이 든 천사

아빠는 동트자 일터로 향하여
가는 걸음은 용기가 백배
아기와 아내를 지키는
둥우리의 파수꾼

시간의 연속성이
불변하는 법칙일지라도
너의 존재는 목숨보다 귀하고
천상에서 내려 준 선물이어라

천명이 내려준
생을 잇는 끈을 잡고서

사랑을 나누는
가족은 보금자리의 주인공들

서울시인대학 6행시

1.

서 : 서해바다 한강 끝자락 모래톱이

울 : 울어 밤섬 한점을 건져 놓고

시 : 시인 묵객이 드나들던 마포나루가 저만치

인 : 인왕산 양지에 버드나무 초가집

대 : 대문을 활짝 열어 시회 돗자리에 찻단지가 끓으니

학 : 학은 외다리로 서서 명경지수에 시를 쓰네

2.

서 : 서쪽 한강수 굽이굽이

울 : 울울창창한 북악이 우뚝

시 : 시냇가 탁족 하는 시인들이

인 : 인왕산 계곡에 모여

대 : 대자로 너럭바위에 누워

학 : 학자 연하며 헛기침을 내뱉으며 더위를 쫓아보네!

3.

서 : 서울 산동네 셋방살이
울 : 울적한 심사를 달랠 길 없어
시 : 시도 때도 없이 산 아래로 외마디 질러봐도
인 : 인산 간 아버지가 돌아올까만
대 : 대로를 가로질러 허연 눈을 뒤집고
학 : 학생은 장발 머리를 휘날리며 평등을 외쳐보네

꿈

전봇대 안전마크… 세월호 재난
여름의 단풍나무… 이른 권태
비 오는 밭의 농부 아낙… 부지런함
비 오는 옥수수밭의 새… 비상의 꿈
음식물 수거함… 순환

권태로운 계절은 수시로 다가와
꽃을 노래하고
나비, 벌을 불러모아
찬양하는 무리들
피어나는 잎은 연약한
근육을 움직이는 서커스의 곡예사를 꿈꾸는구나

비 오는 날 밭의 농부 아낙은
엎드려 풀을 뽑나
물꼬를 틔우는가
허리가 90도로 꼼짝 않고

비를 맞으며 미래의 꿈을 그리는
순간의 연속성을 신뢰하는 투자인가
부지런함이리라

화폭에 꽂혀 곡선으로
발자국을 옆 앞 뒤 사선 율동하며
붓질하는 갈퀴머리 화가

자화상

샛별은 해가 떠오를 즈음에 맞추어
화판에 자화상을 그리자마자
그림자도 없이 이내 묻혀지면
하루가 다 지나가 버리고 말 뿐
샛붉게 피었다가 진 동백의 그림자는
강물 위에 떨어지고 바다로 흘러들면 그뿐
어디서 발원한 샘은 붉은 눈물의 원천일 텐데
마르지 않는 강에 뿌려져
모든 사연은 바다로 흘러들어
자화상은 수면에 일그러지고
강가 빈 배는 홀로 흔들리는
세월의 발자국을 일렁이면서

자화상은 그림자의 눈물이 된다

숙명을 걸머진 보름달

정월 초하루

거무스레한 밤은 가고 새날이 밝아온다
부지런한 서(鼠)생원의 여섯 미덕(美德)이 시작하는 날
희뿌연 안개 속 희망을 잃지 않고
살림살이가 고달파도 영락없이 새날이 밝아온다
새벽 떡메 치는 소리는 잃어버린 헛소리
기계가 다 하는 세월에 향수인가
낡고 헌 부대는 가고
새 부대에 담아야 할 것들

공평
인간다운 삶을 보장하는 정의

설빔

지난 추석 장에 가신 어머니 사 오신 추석치레
선생님께서 잘 차려입었다고 칭찬하셨지
연보라 모직 바탕 앞면에 네모난 테두리에
초록색 감색 푸른색 연두색 모자이크
진한 고동색 바지 툭툭한 검정색 신발
이번 설 장날엔
초록색 나일론 겉감에 솜을 누빈 외투
진 밤색 골덴바지
발목이 담기는 북슬북슬한 털 장화
정미소 떡가래 줄서기는
뺑튀기 강정 심부름도 잘한다시며
우리 장남 차지라며
의젓하다고 칭찬해 주시는 신명나는 설날

정월보름

한 달에 한 번
맑은 해바라기 얼굴을
동네 어귀 산등성이에 걸어두더니
정월 보름달은 조도를 높여
잊혀진 실향민들을 찾아 나서본다
외통박이 산골이 싫어
길 떠난 이 그리워
성황당에 두 손 모아 빌고 또 빌어

섣달그믐날에 한 약속대로 오시리라
정월 보름달님 높이 올라 밝혀주소서

강강술래 선소리

동해바다 일출 배 띄우자
바다고기 이리저리 강강술래
명태는 어디 가고 오징어는 대풍이라 강강술래
남해바다 너울너울 그물을 힘차게 당겨라
제주바다 옥돔이나 걸려라 강강술래
은갈치가 낚싯바늘에 대롱대롱 강강술래
서해바다 잔잔하니 조기떼가 몰려오나 강강술래
해풍에 조기 말려 큰아기 시집보내게 강강술래
배따라기 휘파람 불며 후~어 강강술래
만선에 팔딱이는 물고기는 보배롭다 강강술래
어이구나, 늦가을에
우리 아기 혼례 청에 꼬꼬재배 강강술래
무창포 앞바다 경사 났네. 강강술래
시인님들 무창포로 경사 보러 가세
강강~ 술래

고향의 산

산기슭 논밭 고랑은 아버지의 생존 터
새벽을 깨워 파종하시고 김매시며
가을걷이로 세월을 이겨내시었지요
수달 · 자라가 사는 길안천 건너까지
농사일이 가당키나 하기나 했겠습니까만
우렁우렁한 우스갯소리는
저희는 넘치는 행복인지 몰랐지요

굽은 허리 펴실 때마다
내 쉬는 휘파람을 노랫가락 삼으셨으니
사과밭 원두막에 아들은
밀밭 강냉이와 함께 쑥쑥 잘 컸던 것이지요
주름 패인 얼굴 몹시 그리워도
이젠 빚 갚을 길 없으니
고향 산천에 마구 자란 풀이라도 밟으면
그냥 기분이 좋아집니다

귀로

1.
오월 백로 한 쌍 날아와
강 한가운데 모래무지에
풀섶 늪 언저리에 내려앉아
부리로 휘저어대니
개구리알 올챙이밥 올챙이
저놈들 씨 말린다!
하소연 합창해 봐도
황혼이 어김없이 물러간 자리
그믐밤 칠흑 장막 내려
앵자봉 산신 탓일 리가
유월 옛 뱃길 나루
사그라진 장마당은 세월을 못 이겨내
흰 사슬 소리로 남아 바람 소리만 휑하다

2.
질펀한 갯가 농토는

비닐하우스를 허옇게 옷을 차려 입었나
여윈 초로의 농부는 찜통더위 속 인내로
펴 올린 붉은 땀을 연신 뿌렸을 터인데
파란 토마토가 뜨거운 가마 속에서
몸서리쳐대며 숨이 턱에 차올라
거지반 팔구 할을 넘겨 농부의 한숨과
붉은 피땀으로 빨간 보석을 익혀간다
두둑한 품삯으로 환전되든 말든
노동 가치로 셈하든 말든 기쁜 일이라고
내 이웃 까만 피부의 농부는
웃고픈 지 울고픈 지 주름만 깊어간다

3.
팔당은 성내 사람 수자원이라는데
양평 강하 남종 퇴촌 사람들은
묵묵부답이다
난리 통에 떠난 오라비
무소식에도 무덤덤하더니
먹어도 되는 물이 아리수가 되었다나
가당키나 할까

눈만 껌뻑일 뿐이다

팔당호에 인적이 끊긴 쓸쓸한 섬이
꽁꽁 얼어붙는 날
함박눈이라도 처연히 나리는 날
감시의 눈이 졸고 있는 날이 왔을 때
조롱이 뒤집어쓰고 풍설에
흰 장삼 입고 저승 간
오라비 혼령이나 위로하러
수질이나 보러 나서볼거나

4.
경안천 넘어 팔당 들입에
늪지가 뭇 생명들 적자생존 터
까마득한 일이고
황혼에 돌아가 눕힐 누옥은 저만치 시오리 길
산 아래 곡자 차로가 정자 정류장을 지나고
앞내 계곡수 청아성에 무논은 연당이라
배산임수에 통할 통로이니
이보다 더 구족함이 없으니

〈

겨울 늪은 바짝 마른 갈대, 부들, 창포…
앙상한 갯버들 누렇다 못해
새까만 가시만 남아도
춘색은 돌아오는 법
철새, 청둥오리 자맥질은
날 끌어다 주저앉혀놓고
34조 44조 춤추며 배불리 먹어대고 있으니
고독한 심사 흐린 술 한 잔에 열락 주이더라

꽃가마

춘삼월 농한기에 비가와도
신행 가마는 굽이굽이
산 넘고 물 건너 들녘을 지나
종노새 가는 길을 재촉한다
일억 겁을 기다려 온
설레임을 가슴에 안고
낯설고 물 설운 마을을 향해 가네
수줍음을 감추고 몰래 사랑가를 불러 보려무나
고삐 잡은 종자는 삼현육각은 몰래 치워는 지
신명난 육담이 걸쩍지근해도
웃는 입 꼬리는 벙실벙실
닫힌 고리짝 문에 걸려있을 법하네
사주단자 펼쳐보아 갑자궁합 살펴보니
사성 답신은 목숨이 달할 때까지 보증수표인데
물목 쟁일 때 잊지 말고
오로지 호모 사피엔스 유전자를 밝혀주오

태양은 전사가 되어

태양의 정열은 우정 어린 교감을 하는 계절에
아름다운 영혼으로 머물다
우주는 허무한 공간이 되고 말 뿐
지평선 넘어 사선으로 내닫는 전사가 되어 사라진다
그 뜨거운 교감은
생명체에게 한창 성장을 거듭나게 하더니
빙하기를 넘어 다른 생명을 반복하더니
태양은 마침내 공간 시각을 잃어버릴까

세상은 메마른 사막
바짝 마른 낙타는 오아시스를 찾아가는 메신저
오아시스의 새벽안개는
무서운 정열적 우정을 피할 수 없는 운명
물 분자인 생명체로 성장하여
바위 조각이 계곡을 구르듯
샘물 솟는 생명수의 역사(役事)를 일으킨다

수목이 빽빽한 정글은 하늘 보기 민망하여
어둑한 바닥에 이끼를 키우고
인간이 우정을 배반한들
서식지가 침묵 속에 황무지로 변할 리가
공간 시각을 잃어버릴 리가

인간시장 장꾼은 첫새벽부터 부산을 떨며
우정에 생기를 준다고 정염을 불태우더니
우주는 버티지 못하고 길 잃은 미아가 되어버린 시대
태양은 정열의 우주 공간시각을 인간의 정염
그 욕심 때문에 잃어버리게 둘까

숙명을 걸머진 보름달

태양이 보낸 사신
광반사로 빛을 내어
지구인에게 원융무애(圓融無礙)로 화합하라는 만월
자손들이 둥글게 화합하고
소통하라는 조상님의 소원
삼색채소 심심한 맛은
은근한 반사광이 내려 준 것
음식도 제맛을 내려면
재료를 다듬는 손맛이고
제일은 정성이라
세상살이 아무리 험난해도
감싸주는 빛이 답이라
둥긂은 다툼을 버리고
순명하라 일러준다

중력 끈이 느슨해지면 나락이라
보름달의 숙명은 밝음이요 화이부동(和而不同)이다

새벽 호수에 서서

눈이 아름다운 여인이여
살 풋 웃어 주시니
저에게는 기쁨이지요
청량 하늘 아래
눈물 나도록 시린 아픔이라도
그대 웃음은
스르르 매듭을 풀어주며
긴 기다림을 녹이는 마술
에메랄드 호수에
안개 피어나는 새벽
잔잔한 기쁨에 젖어

미래로 오가는 여정

어디서 오고 어디로 가는지 모른다
시작도 끝도 없는 시간 속에 살고
사회 풍경은 구성원과 제도 한가운데 놓여 있지만,
대지와 바다와 공간 사이 경계는 존재하지 않는다

미래는 현실보다 더 현실적이면서 동시에 무한하다
어떤 것인지 정해져 있지 않기 때문이다
실존적 경험 외에 다른 대안이 없기도 하지만
불확실성과 우연성이 중요한 것만큼 개연성이 깊다

개방성, 불확실성, 장애물이 부닥쳐 오더라도
약속한 자유는 지배하는 권력과 상황을 직면할 때마다
행복을 보장하지 않아 늘 모호하고 불안하다
불행의 예감을 압도하는 고통이 상존하는 것은 아니다

보이는 모습이 세계의 전부가 아니다
세상의 존재는 미래가 결정해야 할 전제라면

모든 인간적인 것과 오류, 무지, 오만을 넘어
마지막엔 자기파괴의 씨앗조차 자신 안에 담는다.

* '울리히 벡'의 『글로벌 위험사회』를 참고함

젊은 석양

붉고 아름다운 구름 위에 장엄한 장막을 펼쳐두고
수평선 넘어 회귀의 길목에
승천하는 아라비안나이트의 양탄자를 깔아보았네
화려한 이면에 숨 막히는 고뇌가 노을에 걸려
미궁을 헤엄치는 가련한 존재일 뿐
메탈 등이 하나둘 점등되는 시각
귀로하는 길거리 사방엔 씁쓸한 빛깔이 깔리고
잃어버린 젊은 시절의 행로는
흐릿한 길바닥에 회색빛으로 바래지고
언제부터인가 속삭이든 대화는 어제 일이 아니라
오늘 지금 긴박한 내면을 끓이는 찻단지

청마루를 밟으니
시린 발을 녹여주는 나무 감촉은
가늠하기도 벅찬 아집을 벗어던지라고
바람이 일러주며 지나친다

영혼이 비켜 간 자리

일출 동이 트는 새벽에 너는 길고 크더니
태양이 정남에 매달려 있을 때
한낮에는 한 점이 되어버리더라

하루 종일 길어지고 짧아지는 너의 숙명은
생명을 되찾아 황혼이 될수록 길고도 커져가다가
마침내 서산으로 사라지더라

밤이 되어 광원이 거리에 걸리면
강 건너 다리목 거리 바닥에 누워
길쭉하게 행인을 따라오더니
점점 작아진 네 자리는 허공에 숨겼나 보다

가까이할 수 없으니
너와 친해지긴 글렀나 보다
영혼이 비겨간 자리는 흔적도 없이 지워져
원래 네 모습은 비움의 미덕인가 보다

눈망울에 푸른빛이 날 때

자신이 투사(投射)된 통념은 체념의 늪 속에서
자기애에 빠져 헤어 나올 수도 없더라도
사랑의 가식을 쫓아가는
끊임없이 애무하는 연인의 모습으로
갈매기의 새끼 사랑
스스로 흠모하는 것을 그곳에 묻어 두고
호수 속 백조의 헤엄치는 발놀림
그 내면은 악이거나 선이거나

중요한 것은 네가 기도드릴 때
힘을 가진 자에게 겁먹은 눈망울이
푸른빛을 발하여 목동이 제어하는 염소 눈빛이
울에 갇힌 반사광이 나오길 기다리는 것

생명의 은총

산 아래 수증기가 한랭전선을 만난 인연은
은총의 비가 되어 포도 위에 원 없이 쏟아낸다
아스팔트 위 쓸모없는 먼지도 비와 뒤섞여
초록 생물들과 잡초나 곡식은
천신의 은총을 영접한다
가을에 사과 한 알 맺으려면
단비는 귀한 손님이라
온종일 홍건히 묵묵히 내려주신다
비 · 바람은 대지를 잠 깨우는 자명종
장마는 기억소자 명령대로
해마다 찾아오네

나른한 영감의 연속

온갖 소리가 나팔관을 통해
끝이 가느다란 고무관으로 들어온다
한 사람 터덜터덜 걸어오는 소리부터
강아지 한 마리가 오는 소리도 들어온다
양떼를 몰고 목동들이 슝겅슝겅 지그재그 가고 오고
산하는 초록 속에 고요하건만
금속 방울 소리가 뗑그렁뗑그렁
해지는 서녘을 쳐다볼 여유도 없이 다가온다
아지랑이 아른거리는 철길 위로
먼 데서 기차가 헐떡이며
몸살 하듯 요동치며 달려오는 소리
존재의 기적을 내뿜으며 역사(驛舍)를 향해 들어온다
먼 길 떠나는 소리의 향연으로 분주하다

높은 하늘 흰 꼬리 솜사탕 뱉어내는 비행기는
새근새근 잠자는 아기 소리
변성기 소년의 목소리

출국장 우렁찬 비행기 엔진소리
온갖 소리가 뒤섞인 함성이
졸리는 뙤약볕에 묻혀 아스라이 멀어진다

파란 하늘은 에메랄드 보석보다 더 푸르고
나팔관 음향은 살아있는 생명들의 존재
평화로운 화음은
하늘과 땅을 이등분하는 지평선을 향해
자유진동 하는 나른한 영감이란 파형이
수평선 오대양까지 유영한다

애달픈 연가

천만리 떠난 길이 험하기로
육신이 가련하더라도 막지 못하리오
임 계신 곳 하늘 끝이라도 가리다
멀고 먼 지구 끝이라도 내 두 발을 딛고 있는 곳
어디든 무슨 상관있으리오
그대가 계신 곳 언뜻 떠오르면
산 넘고 물 건너가고픈 그리움에
껑충 뛰어넘어갈 수 있으련만
육지가 바다로 막혀 있더라도
가 계신 수 천만리를 길 물어
한달음에 내달아 발이 얼어도 가고 말리오
허나 부질없는 심사
그리움에 이런 생각조차 없다면
죽고 싶은 심정이더이다
달이 차고 해가 가더라도
사무치는 세월을 기다릴 뿐
짙은 눈물로 지새우리라

순환하는 인연 따라

대지에 뿌리박은 줄기는 세상과 소통하는 통로
노란 봄바람 쓸어 담아 새하얀 꽃을 피우던
꽃잎이 메말라가는 자리에 열매를 터뜨려
아이가 어른이 되는 이치를 가르쳐 보았으나
엄마 품은 벗은 허물이 되어버리고
미숙한 아이는 인연의 바다로 표류하다가
눈꽃이 필 즈음 동면에 들면
너의 달콤한 새 자리가 되었구나
계절은 어김없이 순환하여도
과거 · 현재 · 미래에 오방색 칠하더니
자유 의지로 영혼을 살찌워
인생을 풀어헤치며 노래하거라

별

누가 무한 창궁에 억조의 은방울을
뿌려 총총 별 밭을 꾸며 놓았네
모래사막 동방박사들이 피우는
모닥불 연기는 별에 닿는 메신저가 된다
러시아 더 넓은 밀밭
종달새는 하늘에 닿는 메신저
동구 밖 느티나무는
하늘에 오르는 사다리
페르시아 민족시인은
신이 내린 술을 마시고
취기는 한 마리 새가 되어
포르르 별빛으로 날아가 버린다
타다 남은 소지는 재를 남기고
연기는 별을 향한 메신저가 된다
몽골 초원의 독수리는 땅의 메시지를 전하려
하늘에 날아올라 하얀 별에 전한다

태양 버스에서 내린 손님

해마다 구월 가을이면
따끈따끈한 볕은 손님이고
너럭바위 위로부터 오장육부
단단한 육각형 분자를 감싸 데워준다

나락 논에 꽂힌 햇살은 벼를 익히고
과수원에 쏟아져 사과는 붉은 옷을 입히고
농군의 얼굴은 까맣게 타들어 가고
손주의 고사리손이 까뭇해질 때까지
씨앗이 계절 내내 몸부림치며 어른이 되어간다

밝은 해가 싫어 땅으로 숨어든 원죄는
대지의 기운을 타고 올라
가을 햇살에 결실을 완성해간다

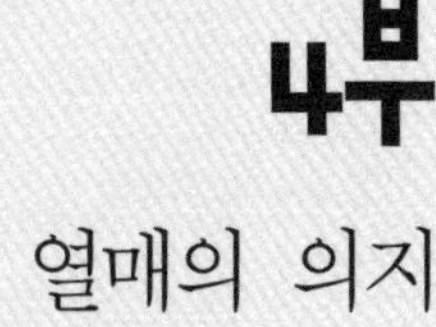

4부

열매의 의지

봄의 교향악 선율

동백꽃은 하릴없이 남강에 낙하한 논개인가
검붉은 비애는 선율로 남아 봄을 여는 교향악 전개부
연분홍 진달래는 새봄의 사모곡
애절한 별리는 온 산을 붉게 물들이더니
연분홍 울음 안으로 삭혀내는 잔잔한 도입부
노랑 개나리는 이기적인 사랑의 환희
하얀 목련은 우아한 정조의 왕녀로 만개하는 봄
봄의 향연은 색조와 선율이 합해지는 교향악
봄의 클라이맥스는 대지의 빛깔과 소리에 맞춰 추는 춤
생명이 서서히 약한 음률부터
조상(造像)에 입힌 옷 색깔로
교향악의 아름다운 선율로
봄의 기적은 색과 선율의 약동하는 조화이다

비 오는 아침에

나뭇잎을 수직으로 훑어
내려치는 아우성은 차라리 부드러운 포옹이다
이국의 새벽부터 동이 트는 아침에도
창밖에 쏟아지는 비는 천상의 선물이다
남태평양 섬 겨울 우기에
일주일에 반은 비가 온다
지붕을 두드리는 비는
저항하는 외침과 달리 부드럽다
마을 어귀 공원 거목에도
키 작은 관목에게도
중간 키 수목에게도
공평하게 부담 없이 내려준다
처연히 내려앉는 비는
너울너울 춤을 추며

초록 대지를 쓰다듬으며
사방에 나리는 천상 손님을 맞이한다

산벚꽃 핀 비탈에 서서

눈 사탕 꽃잎이 날리는 산비탈
손바닥을 벌려 꽃잎이 내려앉기를
한없이 기다리는 시간을 죽이는 노릇은
선택을 기다리는 지루한 인내를 시험하는 과정
꽃은 만개한 여인으로 성숙하여
봄을 희롱하는 하얀색 천사
연심은 신록을 기다리며 수십 번 변덕 부려보나
선택은 오로지 마음속 열정
딱딱한 달팽이 껍데기 속에 마음을 숨겨놓고
거미줄을 쳐 유혹해보아도
아픈 젊은 영혼은 기다림에 지쳐버리고
일상을 접은 채 하얀 꽃잎에 연서를 쓴다

자목련 지는 봄날

자목련이 후두둑 져버리고
꽃잎 자리에 씨방은 젊은 초상에 매달려
인생의 파편이 되고 말 뿐
찬란한 봄날 잊혀진 사랑은
가물가물 세월을 거슬러
아지랑이를 피워 올려도
쓰린 상처는 가슴에 남아
태양은 변함없이 따스하나
넋 놓고 머물고 싶은 순간은
순회하는 연꼬리는 연속하여
미욱한 연심을 일으켜 세워보아도
밤새 봄비가 창을 때리는 소음에
소스라치게 놀래키며

빛바랜 꽃잎이
아름다운 여인의 자태로 살아날 리가

5월의 장미

비엔나 셀부른 궁전 5월의 장미는 붉디붉다
마리아 테레지아 여제는 정열의 화신
향기 나는 열두 아이의 어머니
그 장미의 꿈은 궁전 밖을 나와
넓디넓은 땅에 주린 백성에게
배불리 먹이는 양식이 되었다
짖은 향기는 공중으로 피어올라
화려하고 거추장스런 옷을 벗어
차디찬 땅거죽을 덮어주는
따뜻한 주인이 되었다.

여제여! 5월에 천상의 메이퀸이 되시어
사랑의 정열과 만리향을 이 땅에 내려주소서
중랑천 장미축제에 초대받아
그대의 꿈과 향을 따라
장미 터널 지나 걷고 또 걸어
석양이 질지라도 당신을 기다릴 테요

설악의 전설

하늘은 늘 열려있어
동해 바닷가에 우뚝 솟은 대청봉은
해맞이 차림새
푸른 수평선 위로
해는 붉은 수줍은 얼굴을 내밀고
운해는 끈으로 결연되어
운무가 하얀 버선발을 벗어
설악 앞마당으로 내닫네
시린 맨발에 얼은 백설은
댓파람 동무를 데리고
울산바위를 휘돌아 감아
한바탕 신명 나는 춤을 추고는

꼭대기에 흰 무명 치마를 벗어 덮어주어
하늘은 맑고
설산은 설악이라 전(傳)하더이다

작약꽃 필 때

올봄 5월에 핀 작약꽃 덧없이 지고
붉은 잎은 떨어져 마냥 뒹굴어도
튼실한 뿌리는 내년을 약속하네
어머니 베갯잇 작약꽃 자수는
소녀의 설레임
청실홍실 꿈을 어린 아들이 만지작거리네
5월은 다시 오더라도
꽃잎은 수줍은 사랑으로
청록 잎은 창창한 꿈으로
노란 수술 화관을 쓰고 올 건데
내년 5월이 오면 홍릉 숲
작약꽃 필 무렵 벌 나비 윙윙거릴 때
소녀 어머니 손 잡고
수줍은 꽃을 보러 가리라

팔공산의 신록을 기다리며

팔공산 은해사 한 기슭 초목
비탈에 가시 뼈 뿌리박고
세한 풍설을 묵묵히 이겨내더니
햇빛은 용서 없이 헤집고 언 땅을 녹여내
연초록 기지개 켜며 향연이 이어지려나
지난 달밤 그대는 젊음의 초상을
그리며 숨죽여 왔으니
이제 초록 물감 덧칠해도 직성에 찰까만
신녕 장날 두어 다발 국수 뭉치를
바랑에 담아지고 일주문 돌아갈
짬을 기다려주려나

팔당호 갈대손

팔당호 가을 갈대손 언어가 부족해도
하늘을 올려보며 손을 흔들며 천상의 평화를 전구한다
남북으로 갈린 이 땅에 뿌리박고 처연스럽게도
평화를 갈구하네
팔당호 갈대만의 소망이 아닐진대

어이 북과 미국은 언어 포탄을
이 산하에 쏟아붓는가
팔당 갈대는 하느님을 향하여
지침 없이 온몸으로 손을 흔든다
물가에 앉아 낚시를 드리우고 가만히 찌를 노려보며
허망한 세월에 소망을 걸어보며
저녁 찬이라도 하게 월척을 기다린다

가랑잎의 소임

사방으로 휩쓸려 날아다니는 가랑잎
얼마나 오랫동안 존재감을 인식시켜야 하나
하루 종일 비질하는 청소부 허리 펼 틈이라도 줘야지
동장군이 오기 전에 땅거죽을
덮어주려는 소임을 알아주지 않아도
설악은 눈으로 덮여 설경을 뽐내더라도
제 몸으로 대지를 감싸 안아 썩어내려
골짜기를 거쳐 천지에 유기물 영양분을
먹이는 대사를 뉘라 말릴 수 있으리오
동토에 이끼와 잠자리 마련해
천변 속살에 자리 튼 미생물은 기다림의 미학을
온 산하 빼꼼한 곳 없이 눈 날리는 계절에
곰도 인간도 겨울잠을 자며 우수를 기다린다

초원의 길은 아스라이 멀다

태고부터 신비를 간직한 바이칼은
해빙기를 맞아 홍수가 일어나 이룬 큰 호수
빙하의 얼음 찬 물은 강이 되어 초원을 품고
호반은 시상(詩想)을 일으키는 보고(寶庫)
시베리아 초원 사색은 깊어지고
태고의 뿌리 찾는 시야는 한층 넓어져
천혜의 인종을 잉태한 원류이고
다양한 문명을 융합시킨 허브가 아닌가
물흐름을 좇아가는 순록무리의 이
동로는 먹이의 길이자 이끼 대(帶)
이어지는 초원은 남북의 커다란 띠에 둘러싸여
산림과 건조한 사막 사이에
숨은 기아적인 삶의 생명들
지구 중력에 눌린 금고의 증거이자
인류 생존의 역사이다

순록을 기르던 코리족 유목민들은

이끼의 길을 따라 한반도까지 남하한 우리 민족
민족 이동설은 알렉스 헤일리의 뿌리보다 참하다
아! 유목민의 노래는 차라리 민족의 대서사시이다

춤추는 무희

꿀벌은 꽃가루와 꽃을 발견하면
집으로 돌아와 빙글빙글 돌며 춤을 추는 무희
동료들을 꽃밭으로 이끌고 가는 곳은
바로 무도장이 되고
꿀과 꽃가루를 모으는 일은
춤을 즐기는 무도회가 된다

여왕벌은 태양이고
여러 마리의 수벌은 여왕벌을 에워싼 혜성이고
일벌은 무수한 별들의 여왕벌의 은하계이고
벌집은 큰 군집을 이룬 서로 상생 · 협력하는 우주다

꿀벌은 먼저 한쪽 발을 수술의 꽃가루에
다음은 다른 쪽 발은 암술로 옮겨 다니며
생명을 이어 상생하는 일은 모두
춤으로 서로 의사소통하는 영물이다

아카시아꿀 유채꿀 밤꿀
나무 속에서 딴 목청
바윗돌 틈에서 딴 석청을
벌집 따는 초로의 벌꾼도
덩달아 춤추듯 일하듯 선하다

열매의 의지

회나무 열매가 빨갛게
오미자도 붉은 주홍색
구기자도 다홍색 자태로
새색시마냥 정성을 다해 치장한다
늦가을 화려한 정점의 계절에
빨간 열매는 불타는 정열을 이기지 못해
육신은 새들의 먹이가 되어버렸으니
소화액 쓴맛을 겪으며 바깥세상으로 튀어나올 때
하얀 옷을 입은 배설물로 허공에 뿌려지는 날
옥토나 자갈밭 논두렁 어디든
안착해야 할 운명 지워진 신세일 터
생사의 현장은 시끄러운 인간 저자거리가 아니라
침묵하는 지신께 탄생의 기적을 기원해서라도
숙명적 생육적 굴레를 벗어날 수는 없으니
살아남아야 하는 유전자 너의 의지에 찬사를 보낸다

가을은 4차원 회로를 돌아

창문을 활짝 열고 한낮 가을 햇살을 받아들이려고
긴 호흡을 하며 가슴을 펴본다
느티나무 가지에 노란 갈색 가을 단풍이
손에 닿을 만큼에 축 늘어뜨리고 날 유혹하네
따스한 양지 볕 들어찬 텃밭에는 자주색 패랭이꽃
국화도 서너 그루 노랑 옷을 소담하게 차려입었네
돌아선 울타리에 하얀 국화는
소복을 하고 짙은 가을 향연을 뽐내지만
초대된 이네 청춘도 계절 따라 한 해가 갈 뿐
인동초와 더불어 새봄을 맞으리
스페인 국경 넘어 포르투갈 길 여정에
정겨운 시골 찻집 에스프레소 쓴 한 잔의 추억
파티마 성지 포도주 한잔의 낭만이이
4차원 뇌회로를 빛의 속도로 쏜살같이 지나가네

단풍은 절정의 청년

불타오르는 설악산 대청봉
병풍 주단을 잊을 수가
내장산 가는 서해바다 석양
서산마애삼존불상의 미소를 잊을 수가
빌라도 치하 예수가 흘리는 피
성모 마리아의 치마폭은 대지
몸을 눕혀야 할 의탁처
악을 쓰며 버티는 춤이고 만유인력이다
천지창조 7인의 천사 나팔수가
팡파르를 울리면 '최후의 심판'*
손을 모아 만종기도 할 때
폭죽이 연발하는 블타바강
연인들 보트놀이는 불타는 청춘
피렌체 아르노강변 시뇨리아 광장
다비드상 강한 눈빛이 물들어간다

단풍은 캐나다 국기의 메이플이다

신대륙 정착민들에게
정숙한 여인이 쓴 빨간 보네트이고
바탕의 백색은 모자의 하얀 띠를 그려 넣은
순결한 그림물감이다
진홍색 원피스는 단풍 물에 헹구어
마름질한 품위 있는 나들이 패션
한들거리는 치마의 율동은 운명을 개척하는 신화이고
까만 먹물들인 그물 스타킹 사각 무늬 타로 점괘는
아가씨의 숨은 허벅지
매끈한 종아리는 연극 마지막장의 애수이다
장미향 구두는 춤추는 감홍 빛 댄스의 음악이고
징검다리 돌 높낮이 차이는 고운 사랑의 음계이고
순진한 백로가 바람 타고 부르는
가곡은 사랑의 연가이고
가을비 우수에 젖은 파트너에게
요정이 주는 달콤한 캔디다

만추 서정

텅 빈 들판 추적추적 비라도 오면
눈보라 치는 겨울이 성큼 올 텐데
들 끝자락 사과밭에 까치밥
몇 알 덩그렇게 남겨두었네
한기 가득 품은 산그늘을 비켜서
양지 햇살 좇아 바위 턱에 걸터앉아
눈 감은 채 상념에 빠진 온종일
우산천 여울 갈대는 하늘 바닥에 낙서만 한다
일렁거리던 물결이 잔잔해지는
여울은 공존하는 삶터
피리 두어 마리와 일 촌보다 작은 송사리가
열도 넘게 한가로운 유영을 즐긴다
새 한 마리 갯가지에 분분히 앉을 듯 말듯
갈잎 한두 장이 툭 떨어져
일어난 파문은 이내 사라진다
늦가을은 바삐 가고 눈보라 한기를 담은
매서운 겨울사자가 어김없이 오기는 오나 보다

겨울나무

봄
　여름
　　　가을
　　　　　겨울…

나목(裸木)
시린 맨발에
갈잎 북을 수북이
섭리(攝理)와 생존 간의 논쟁은 말이 없다

새순을 틔울 채비가
추우면 추울수록 더 강렬해지는

생(生)의 의지는
허공에 메아리치는 법이 없다

겨울비

겨울 안개가 피어오르는 새벽녘
팔당호가 끓고 있다
팔당호 가마 아궁이에 쑤셔 넣어
도공의 의사를 벗어나 열이 높아진 까닭이다
겨울비가 후쿠시마 핵발전소에도 내린다
일본 방사능 잔해는 대서양 북해까지 덮은 지 오래
위험사회를 외치는 목소리에 귀 기울일 때
그린란드도 세슘 오염치가 높아 몸살하는 지구
호주 대형 산불화재는 한 달 넘게
지구 가마에 땔감을 피우며
사상자가 200명 이상을 내고서
화염은 지구 둘레를 선회하는 재판관인가
겨울비가 내리는 가운데
유엔은 상승위험 한계온도 1.5℃를 선포해도
두 강대국은 코앞 경제 이득에 눈이 멀었지만
스웨덴 소녀의 외침이 인류의 희망이다

크리스마스에

가난한 이가 웃음을 선물 받아
캐럴을 부르며 이웃으로 찾아 나설 거야
성가대에 놓인 악보에 글로리아의 음정은
미사 중에 더 장엄하다
텅 빈 거리에 강아지조차 리듬에 따라
사뿐사뿐 걸음 걸으며 주위와 상관없이 가는 거룩한 날
일 년에 한 번만이라도
제대로 된 기도로 하루를 채울 수가
성급한 소망이 목젖까지 차올라도
일급 받은 주머니는 털어도 먼지만 날린다

구유 제물이 한 푼일지언정 경배하오니
주여 낮은 데로 임 하소서

작품해설

자연 관찰, 우주 통찰의 정체성 시학

김 순 진(문학평론가 · 고려대 평생교육원 강사)

작품해설

자연 관찰, 우주 통찰의 정체성 시학

김 순 진(문학평론가 · 고려대 평생교육원 강사)

계묘년(癸卯年) 토끼해가 지나가고 있다. 조영래 시인과 만난 지 3년쯤 되지만, 올해는 그가 우리 한국스토리문인협회 소설가들의 모임인 소설소설에 가입해 함께 소설을 공부하게 되어 더욱 가까이 지냈다. 그런 인연으로 조영래 시인은 시집을 출간하게 되었는데, 그의 시집을 편집하고 해설을 쓰면서 그가 해박한 지식과 뛰어난 상상력을 가지고 있음을 발견하고 적이 놀랐다. 물리학을 전공한 그는 자신의 분야뿐만 아니라 다양한 분야에 관심을 두고 있었다. 어찌 이리 다양한 지식을 체득할 수 있었는지에 감탄스럽다.

토끼는 순수의 동물이다. 우리는 토끼를 생각할 때 여린 풀을 먹으며 악의가 없는 동물이란 생각이 먼저 떠오른다. 그러나 이는 평범한 사람들의 생각이다. 2000년에 만화가 김재인은 〈마시마로의 숲〉이라는 플래시 애니메이션을 제작해 선풍적인 인기를 끌었던 바 있다. 그 〈마시마로의 숲〉의 주인공은 토끼였는데, 그의 이름은 마시마로였지만, 엽기토끼로 널리 알려져 있다. 마시마로는 토끼인데 실눈을 가진 모양을 하고 있다. 피할 수 있는 능력이 뛰어나지만 다소 어릿어릿한 성격의 소유자다. 맷집도 세서 맥주병을 연거푸 이마로 깨고도 상처 하나 없이 멀쩡하다.

왜 시집해설에서 엽기토끼 이야기를 하는 것일까? 시는 착한 부분을 바라보는 것이 아니기 때문이다. 시는 꽃의 아름다움을 칭송하기 위함이 아니다. 꽃의 아름다움은 이미 꽃잎에 쓰여 있다. 뿌리의 수고를 바라보아야 한다. 줄기의 노동을 볼 줄 알아야 한다. 잎사귀의 지혜를 보아야 한다. 운동장을 시제로 할 때 달리기, 철봉, 벤치, 그네, 축구장, 나무 그늘 등 보편성을 바라보아서는 시가 되지 않는다. 운동장은 학교에

적용된 단어다. 햇볕의 전시장, 바람의 표구, 낱말의 공동묘지 등 다른 시각으로 볼 수 있는 운동장의 시적 방향은 무궁무진하다. 그런 것처럼 조영래 시인의 시는 꽃과 운동장을 바라보는 것이 아니라, 미쳐 남이 보지 못하는 방향을 바라보고 있었다.

내년에는 갑진년(甲辰年) 용띠해라고 한다. 그것도 청룡 해라고 한다. 12가지 띠 중에 11가지 동물은 실제의 동물이고, 용[辰]은 상상의 동물이다. 중국에는 여러 가지 상상의 동물이 존재하는데, 그중에 특히 관심을 끄는 것이 용(龍)과 수천 리에 걸쳐 날개를 펴고 날아간다는 붕(鵬)이라는 새와 수천 리에 걸쳐 헤엄을 치고 있는 곤(鯤)이라는 물고기다. 특히 용은 중국 문화에서 빼놓을 수 없는 동물로써 상상력은 최고의 가치가 될 수 있음을 확인해주는 대목이다. 그런데 조영래 시인은 끊임없는 상상력을 통해 시를 써나가고 있다.

그럼 이쯤에서 조영래 시인의 해박한 지식을 뛰어난 상상력을 엿보기로 하자.

1. 자연을 통한 인생 관조

물결은 호수에 갇히어 잔잔하다
황혼은 말이 두려워 그림자 하나를 던져 놓고
장바닥이 포장을 걷고 침묵한다
맹꽁이는 아스팔트 포장길 건너
생사 고개를 넘어 무엇을 위해
포란(抱卵)은 어디에 숨겨둘까
삶은 비탈지기 일쑤다고 푸념할 따름
습지에 들어앉은 빈 조각배
주인을 잃어버린 채 낡아가고
일렁이는 물결을 따라
정(靜)과 동(動)이 일체가 되어간다
영(靈)과 육(肉)이 자연화되는 길은
저편 사구(砂丘)에 백색 바람을 만나
허공 먼지로 희미해져 가는 길에
사막 모래 쌓이며
너와 나의 꿈이 걸어간다

-「바람은 길이다」 전문

포털사이트 다음의 국어사전에 '바람'을 검색해보니 "1. 기압의 변화 따위에서 비롯하는 공기의 흐름, 2.

타이어, 공, 튜브 속에 들어 있는 공기, 3. '-는 바람에'의 구성으로 쓰여, 어떤 일이 원인으로 작용한 결과나 그 영향을 나타내는 말, 4. 어떤 일이 이루어지기를 바라는 마음, 5. 실이나 새끼 등의 한 발쯤 되는 길이의 단위를 나타내는 말, 5. 일부 명사 뒤에 쓰여, 경험이나 경력의 뜻을 나타내는 말, 6. '보람'의 방언" 등으로 나온다. 조영래 시인이 말한 '길'로서의 바람은 어떤 바람일까? 일단, 이 시는 필자가 인터넷으로 검색한 결과 중 "1. 기압의 변화 따위에서 비롯하는 공기의 흐름"을 생각하고 지은 시라 느껴지지만, "4. 어떤 일이 이루어지기를 바라는 마음"을 소망하는 시라고 생각다. 조영래 시인이 말하는 1차적 바람은 "기압 차 때문에 생기는 바람"이다. 바람은 날이 맑은 지역의 고기압에서 날이 흐린 지역의 저기압으로 공기가 이동하면서 자연적으로 생겨난다. 바람은 사계, 즉 봄, 여름, 가을, 겨울의 길이 된다. 긴 겨울을 지나 봄바람이 불어오면서 봄이 되고, 따스한 봄이 지나 더운 바람이 불어면서 여름이 되고, 선선한 바람이 불어오면 가을이 되고, 또다시 찬바람이 불어오면서 겨울이 된다. 우리는 바람의 온도에 따라 훈풍(薰風) - 따뜻한 바람,

선풍(善風) - 시원한 바람, 냉풍(冷風) - 찬바람으로 구분하고, 바람의 세기에 따라 약풍(弱風) - 조금씩 부는 바람, 강풍(强風) - 센 바람, 선풍(旋風) - 회오리바람으로 구분하기도 한다. 바람은 또 사람의 행동에 따라 치맛바람 - 학부형 어머니의 의욕적 참여, 춤바람 - 춤을 추고 싶은 욕망, 선거바람 - 선거에서의 이슈 등으로 나뉘기도 한다. 사람은 누구나 건강하게 살고 싶은 바람이나, 부자로 살고 싶은 바람, 하고자 하는 목적을 이루고 싶은 바람이 있다. 조영래 시인은 과학도셨지만, 2차적 바람을 이루기 위해 시의 길로 들어섰고, 마침내 시인이 되었고, 지금 시집을 출간하고 싶은 바람을 이루고 있다. "바람은 길이다."라는 말이 증명된 셈이다. 조영래 시인의 이 시에 나타나는 "정(靜)과 동(動)이 일체가 되어간다 / 영(靈)과 육(肉)이 자연화 되는 길"은 이마도 정신과 행동이 일체가 되고 싶은 바람을 나타내는 말이며, "저편 사구(砂丘)에 백색 바람을 만나"는 것은 정신적인 바람을 말하는 것이리라. 그리하여 나이가 들어 점점 더 "허공 먼지로 희미해져 가는 길"목에서 "사막 모래 쌓"일 지라도, 우리 모두 즉 "너와 나의 꿈이 걸어간다"고 말함으로써 이 시집이

또다른 이에게 읽혀져 그 독자들에게 공감되고 가슴 훈훈한 바람이 불기를 기대하는 것이리라.

회나무 열매가 빨갛게
오미자도 붉은 주홍색
구기자도 다홍색 자태로
새색시마냥 정성을 다해 치장한다
늦가을 화려한 정점의 계절에
빨간 열매는 불타는 정열을 이기지 못해
육신은 새들의 먹이가 되어버렸으니
소화액 쓴맛을 겪으며 바깥세상으로 튀어나올 때
하얀 옷을 입은 배설물로 허공에 뿌려지는 날
옥토나 자갈밭 논두렁 어디든
안착해야 할 운명 지워진 신세일 터
생사의 현장은 시끄러운 인간 저자거리가 아니라
침묵하는 지신께 탄생의 기적을 기원해서라도
숙명적 생육적 굴레를 벗어날 수는 없으니
살아남아야 하는 유전자 너의 의지에 찬사를 보낸다

- 「열매의 의지」 전문

자연은 약속을 지킨다. 콩 심은 데 콩 나고, 팥 심

은 데 팥 난다. 사과나무에는 사과만 열리고 복숭아나 자두는 열리지 않는다. 그런데 사람은 가끔 자신의 본분을 잃어버리고 살 때가 있다. 남편으로서, 아버지로서, 선생으로서, 성인으로서, 남자로서 그러면 안 되는데 자신의 신분을 잃어버린 채 숨고, 전환하며, 싸우고, 방심한다. 남편으로 꼭 해야만 하는 일을 유기하며, 아버지로 지켜야 할 사랑을 베풀기보다 근엄을 추켜세운다. 성인으로 일해야 함에도 일하지 않고, 남자로 군대에 가야 하는데 편법을 써서 병역의 의무를 면제받는다. 그러나 식물은 자신의 본분을 잃어버리지 않는다. 아무리 적은 흙에 심어진 꽃이라도 자기의 본분대로 피어난다. 꽃가게에서 3,000원짜리 작은 프리지어 화분을 산 적이 있다. 여러 개의 꽃봉오리가 서고 몇 개의 노오란 꽃이 피어 있다. 플라스틱 화분에 들어 있는 흙의 양은 얼마 되지 않지만, 프리지어는 그 작은 흙 속에서 노오란 성분만을 끌어올려 꽃잎으로 매단다. 집에서 기르고 있는 화분의 게발선인장은 해마다 봄이면 너무나 아름다운 핑크빛 꽃을 피워낸다. 화분의 작은 흙에서 선인장 '유포르비아 트리고나'는 성장하며 끊임없이 가시를 매단다. 과히 매직에 가까운 노력으로 본분을 잃지 않는 것이다. 조영래 시인은 이를 두고 나무들이 "회나무 열매가 빨갛게 / 오미자도 붉은 주홍색 / 구기자도 다홍색 자태로 / 새색시마냥 정성을 다해 치장한다"고 말한다. 그들이 왜 자신의 색깔로 새식시마냥 정성을 다하는 것일까? 그것은 "회나무, 오미자, 구기자"뿐만 아니라 사과, 귤, 포도 등은 저마다 색깔과 모양을 한 번 정한 바대로 약속을 지키며 절대로 옆집을 넘보지도 본분을 잃어버리지도 않는다. 나무가 자기 이름에 맞는 색깔의 꽃을 피우고, 자기 이름에 맞는 열매를 맺듯이 사람도 자기 본분에 맞게 행동해야 한다는 것이 조영래 시인의 생각이다. 부모는 사랑으로 자녀를 이끌어야 하고, 자녀는 효도로써 부모를 공경해야 한다. 시인은 시를 써야 하며, 더욱 좋은 시를 쓰려고 노력해야 한다. 그런데 많은 시인들이 시인이란 호칭에만 관심을 가질 뿐, 시적 완성도에 관심이 없다. 한적한 시골의 밭 구석에서 싹튼 개똥참외는 다른 곡식보다 늦게 출발하여 풀숲에서 홀로 극도의 외로움을 견디고 익어가지만, 최선을 다해 내면을 달콤하게 채운다. 그리고 길가는 이나, 새들에게 스스로 먹이가 된다. 그리고 스스로 그곳에 눌어붙어 토양의 양분이 된다. 콩 심은 데 콩 나고 팥 심은 데 팥 나는 자연의 법칙이 철저히 지켜진다. 그리고 주어진 숙명대로 살아간다. 물이 적으면 덜 성장하고, 거름이 많으면 과잉 성장으로 열매가 덜 달리거나 바람에 쓰러진다. 그러나 인간은 인간으로서의 법칙, 즉 서로 사랑하여야 하는데, 그 법칙을 교리에 담고서도 사랑을 실천하지 않는다. 오히려 남의 나라를 침공하고, 선량한 시민들에게 총부리를 겨눈다. 사랑을 조금 못 챙겨주면 부랑자가 되고, 도둑과 강도가 되기도 한다.

2. 우주적인 통찰력과 미래지향적 사고

언덕이고 깊은 산골이고
풍설에 당당한 소나무는
험한 세상을 탓함이 없이
하얀 침묵 속에 늘 아름답다
계곡은 백설에 묻혀
청아성은 가늘게 이어지더라도
얼음장 밑을 기어가는
침잠의 몸부림일 터

심심한 영혼이 섬에 갇혀
그대 동지사 멀고 먼 길
언제 돌아오시려나
발싸개라도 보내드리리다
꿈속에 만난 이가
솔잎 옷 입은 신선인가
잊지 않고 서책을 품고 오신다니
환희송 대신 한 점 그려 올려보내 드리리다

- 「세한도(歲寒圖)를 읽다」 전문

세한도는 조선 후기 화가로 널리 알려진 추사 김정희 선생께서 그린 문인화다. 김정희는 1840년 윤상도의 옥사에 연루되어 지위와 권력을 박탈당하고 제주도로 유배를 가게 되었다. 윤상도는 경기도 양주 출생으로 1830년 호조판서 박종훈, 유수 신위, 어영대장 유상량을 탐관오리로 지목하고 비난하며 탄핵하였는데, 왕의 미움을 받아 유배되었고, 유배지에서 죽었다. 김정희 역시 윤상도의 편을 들어 삭탈관직당하고 제주도로 귀양을 갔다. 김정희는 유배지에서 필요한 책이 많았던 것으로 보인다. 이상적은 김정희의 제자였는데, 사

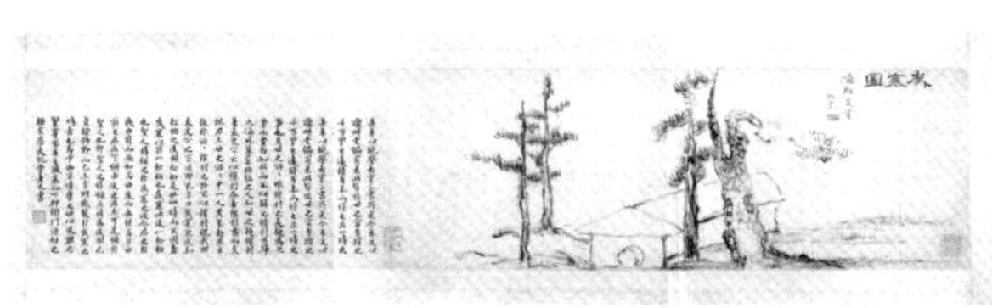

제 간의 의리를 잊지 않고 두 번씩이나 북경에서 귀한 책을 구해다 준 제자, 역관 이상적에게 1844년 답례로 세한도(歲寒圖)를 그려주었다고 한다. 세한도의 뜻은 해를 넘기는 시점의 추운 풍경이란 뜻이다. 세한도가 왜 그리 유명한 그림이 되었을까? 세한도에는 많은 사연이 있다. 우선 세한도는 소장자가 여러 번 바뀌었다. 처음에 그려진 세한도는 108.2cm의 길이였다고 한다. 원래 그림과 발문만 붙어 있었는데, 지금은 14m에 이른다고 한다. 세한도는 추사 선생이 작품을 그린 지 70년 후인 1914년에 표구되었다. 여기에는 훗날 세한도를 본 사람들의 글과 글씨가 많이 나온다. 세한도는 소나무를 중심으로 3등분이었다. 그러나 중국 사람이 이를 소유하였다가 일본으로 넘어갔다가 우리가 다시 찾아오는 과정에서 이를 본 사람들의 소감들이 덧붙여진 것이다. 지금은 국립중앙박물관 국보제 180호로 소장되어 있다. 세한도의 어원은 『논어』에 나온다. 공자께서 말씀하시길 "세한연후(歲寒然後) 지송백지후조야(知松栢之後凋也)."이라 하셨으니 이는 "날씨가 추워진 뒤에야 소나무 잣나무가 늦게 시듦을 알 수 있는 것이다."란 뜻으로 이는 "세상이 어려워진 뒤에야 참된 선비의 진면목이 드러난다."는 말로 풀이된다. 실제로 세한도에는 소나무 네 그루가 보이고 집 한 채뿐이다. 세한도에는 여백이 많다. 극한의 외로움을 주는 기법인데, 김정희는 원나라의 그림 기법을 익혀 즐겨 사용했는데, 거칠고 메마르면서 강직하고 금석기가 느껴지는 그림을 그렸다. 시련을 겪은 후에 사람이 단단하고 커진다는 선비의 뜻 내포되어 있는 것이다. 이 시에서 나오는 말 '동지사'는 동지를 전후하여 명나라에 보내던 사진을 말한다. 이는 이 시의 제목인 세한도가 중국으로 가게 된 연유를 암시하는 대목이다. 그리고 "얼음장 밑을 기어가는 / 침잠의 몸부림일 터"라는 대목에서 얼음장 밑은 그림에서 보이지 않는 부분이며, '침잠'이라는 말은 얼음 속에 가라앉은 부유물을 일컫는 말이지만, 조영래 시인 자신의 마음 상태를 차분히 가라앉혀서 보이지 않는 세상을 유추해내는 조영래 시인의 깊은 사색의 세계를 엿볼 수 있는 대목이다.

태양이 보낸 사신
광반사로 빛을 내어
지구인에게 원융무애(圓融無礙)로 화합하라는 만월
자손들이 둥글게 화합하고
소통하라는 조상님의 소원
삼색채소 심심한 맛은
은근한 반사광이 내려 준 것
음식도 제맛을 내려면
재료를 다듬는 손맛이고
제일은 정성이라
세상살이 아무리 험난해도
감싸주는 빛이 답이라
둥긂은 다툼을 버리고
순명하라 일러준다

중력 끈이 느슨해지면 나락이라
보름달의 숙명은 밝음이요 화이부동(和而不同)이다

-「숙명을 걸머진 보름달」 전문

나는 과학도이신 조영래 시인이 어찌 우리 말을 이리 조탁해 사용할 수 있는 능력을 갖추셨는지, 그리고 고사성어를 이리 많이 아시는지 감탄스럽다. 특히 융

원무애(圓融無礙)라는 말에 무릎을 친다. 이를 다음에서 검색해보니 "만법이 원융하여 거리낌이 없음"이라 나온다. 여기서 원융(圓融)이란 세상이 모든 이치가 완전히 하나가 되어 구별이 없어진다는 불교의 원융사상에서 비롯되는데, 이는 조영래 시인이 말하는 달의 정신과도 딱 맞아떨어지는 대목이다. 태양은 계절의 변화를 만들지만, 달은 인력을 가지고 있어서 바람을 불게 하고 파도와 조수간만을 만들어 물에 산소를 공급한다. 지구는 태양계에서 생물체가 사는 유일한 곳인데 지표의 약 2/3는 바다로 덮여 있다고 한다. 그렇게 많은 바다는 달의 영향을 받는다. 달의 인력이 24시간 만에 자전해 하루를 넘기고 1년 만에 공전하는 지구의 위치와 각도에 따라 파도를 일으키고 바람을 일으켜서 온도를 변화시키고 계절을 변화시킨다. 달은 해와 사이좋게 지내지만, 무턱대고 태양과 어울리지 않는다. 조영래 시인은 이를 화이부동이라는 말로 결론짓는다. 시는 아는 만큼 쓰는 것이 아니라 보는 만큼 쓰는 것이다. 시는 우선 즐겨야 한다. 좋아하는 것으로는 즐기는 자를 이기지 못한다. 조영래 시인의 달에 대한 관찰을 들여다보자. 달이 둥글어지는 것은 "자손들이 둥글게 화합하고 / 소통하라는 조상님의 소원"이라 바라본다. 적도 근방의 나라 채소들은 자외선이 강해서 뻣뻣하다고 한다. 우리나라의 채소가 맛있는 것은 그만큼 해와 거리가 멀어지기 때문인데, 그것 때문에 채소가 연한 것이 아니라 "채소 심심한 맛은" 달이 "은근한 반사광이 내려 준 것" 때문이라 본 조영래 시인의 혜안에 박수를 보낸다. 어떻게 그렇게 깊은 내면을 들여다볼 수 있었을까? 조영래 시인의 학문적 깊이가 어느 정도인지, 무릎을 치게 하는 절창이요 관찰의 대목이다.

3. 인간의 정체성에 대한 고민

이집트 피라미드는
영생불멸이라는 허욕으로 쌓은 바위산
돌로 쌓아 올린 허물어질 구조물
돌은 돈이며 미세입자의 시원(始原)일 뿐이다

생물은 물을 잃으면 미라가 되거나,
무생물은 분자나 원자의 격자구조가
일그러지고 소멸해 날리는 먼지가 될

모든 조상(彫像), 오벨리스크 구조형상도
허상일 뿐이다

태양의 아들이 내려와 지은 스톤 헤지는
돌 구조물이고 미세 돌 성분의 집합체이자
돌 격자(格子) 라티스(Lattice)가
일시적으로 지지될 뿐이고
마침내 허물어지고 멸하게 될 허상이다

도래인의 흉내를 내어 한때의 움터 임을 잊고
사람이 사는 주거지는 돈으로 쌓아 올린
돌집의 허상일 뿐
허공에 제비집을 짓는 어리석은 도시인의 주택도
돌 격자(格子)와 같을 운명이 될 뿐이다

로마 · 그리스 문명은 인간이 석물로 신전을 짓고
노예의 노동과 고혈로 건조물을 쌓은 역사적 흔적이며
신성(神聖) 허구의 혼돈 속에 붙잡힌 돈의 노예일 뿐
돌 구조물 모든 형상은 우상이요 허상일 뿐
태초 우주 광야에 믿음은 펼쳐져 있었고
허공은 존재한다

-「모든 기념물은 허상이다」 전문

최근 윤석열 정부가 육군사관학교 내 세워져 있던 홍범도 장군과 박승환, 이회영, 김좌진, 지청천, 이범석 장군의 흉상을 철거한다고 해 논란이 뜨겁다. 홍범도 장군은 지구상에 공산주의라는 이데올로기가 채 적립되지 않을 시기에 가입한 전력이 있어, 철거한다는 것이고, 다른 분들은 육사는 독립운동보다 창군 이후의 군사적분야에 적합한 인물의 흉상을 비치하는 것이 바랍직하다는 그 이유다. 육군사관학교의 면적은 무려 65만평에 이른다. 그 너른 공간에 창군 이후 군사적 분야에 적합한 인물의 흉상을 비치하면 되지, 독립운동에 크나큰 공을 세운 독립운동가들의 흉상이 있던 것을 철거할 이유가 무엇이겠는가. 소모적 논쟁으로 국민의 심기가 불편하다. 이데올로기를 주장하는 사회는 동상을 많이 만든다. 북한의 김일성 김정일 김정은의 동상은 그 숫자가 무려 10만여 개라고 한다. 김일성의 생일 60주년 기념하기 위해 1972년 4월 15일에 처음 김일성 동상을 세운 이후 주체사상이 북한의 본격적인 통치이념으로 자리 잡으면서 북한 전역에 수많은 동상을 세운. 이는 후계자까지 이어져서 북한은 세계에서 지도자 동상이 가장 많은 나라가 되었다. 김일성의 동상만 해도 석고상과 흉상, 동상을 합치면 무려 35,000개나 되었다고 통계가 나왔는데 그 이후 김정일과 김정은으로 세습되는 과정에서 그들의 동상 숫자는 10만 여 개에 육박할 것으로 추측된다. 그렇다고 그들이 체제가 확고해지는가? 지금도 수많은 북한 사람들은 탈출을 꿈꾸고 있고, 시도되고 있다. 조영래 시인의 말씀처럼 나 역시 "모든 기념물은 허상이다"라는 말에 공감한다. 지금까지 세종로에는 총칼로 나라를 잡은 박정희 대통령이 이순신 장군의 동상을 세워 군의 이미지를 앞세워 통치하려고 한 점이 없지 않다. 그는 충무로에서 태어났으므로 충무로에 세웠다면 적절했을 것 같다. 그렇지만 이순신 장군 동상을 철거하거나 이전하지 않고, 2009년에 세종대왕 동상을 세운 것은 잘한 일이라는 생각이 든다. 시인들의 시비와 흉상, 작곡가나 가수들의 노래비 같은 기념물 역시 허상이라 말할 수 있다. 그러나 그 고장의 관광객 유치를 위해 예술적으로 승화된 조형물이라면 인정하고 싶다. 이집트의 피라미드나 칠레의 거인상, 진시황릉 같은 것은 영원불멸을 꿈꾸는 나약한 인간의 허상일 뿐이다. 나는 죽어서 엄청나게 큰 능에 묻히는 것보다 살아서 국민의 행복을 위해 선정을 펼쳐야 한다는 생각이다. 세조와 광해군처럼 폭정을 하고도 '태정태세문단세예성연중인명선광인효현숙경영정순헌철고순'으로 이어지는 조선왕조의 순서에 빠지지 않는 것과 버젓이 왕릉으로 보전되고 있는 것은 모순이다. 엊그제 영화 '서울의 봄'을 보았다. 전두환 일당인 하나회는 총칼로 나라를 잡았고, 나라를 떡처럼 친구인 노태우에게 나눠주기도 했다. 전두환을 우리나라를 통치한 순서에 따라 역사에 기록해야만 하는가? 참으로 화가 난다.

> 시베리아 설국열차는 칠흑 속에 묻히어
> 어두운 동물 칸에 주린 배를 안고
> 설움에 겨워 눈물조차 말라 꿈틀거림도 없는데
> 눈동자는 감았는지 뜨고 있는지
>
> 동토에 버려진 내 동포의 가련함이여
> 얼은 대지를 손으로 긁어 움집을 마련해
> 인식의 고단함은 추위와 맞서 살을 비벼야
> 생명을 이어가 봄날을 맞이할 수가
>
> 태곳적부터 살아 온 조상님은 묵묵부답이어도

강제로 떠나게 된 격한 서러움이 목에 차올라도
그간 정내는 타향 마을이 여기저기 흩어져 있어
이웃 간 드문 발길이 닿아 더한 외로움을 덮어주었지만

얇은 의복을 파고드는 추위에 길고 긴 겨울밤
배고픔과 병마를 이겨내어야 할 시련이라 할지라도
꿈속에서라도 수만 리 장천을 날아가 보려나
단 하루라도 값진 귀향이 주어진다면 진달래꽃밭을 붉혀보리라

- 「귀향을 꿈꾸는 카레이스키」 전문

1910년 우리나라가 37년의 일본 제국주의로부터 강제로 점령당해 그들의 통치를 받았을 때 국민의 고통은 이루 말할 수 없었다. 1910년 이완용, 박제순, 이지용, 이근택, 권중현 등의 매국노들은 한일합병을 주도해 나라를 팔아먹었다. 그렇지만 일본은 그 훨씬 이전인 1860년경부터 우리에게 엄청난 차관을 빌려주고, 군대를 해산시키고, 민비를 시해하는 등 우리나라의 상황은 바람 앞에 촛불이었다. 그들의 학정(虐政)을 피해 잘살고 싶었던 국민들과 그들의 정치적 야욕에 따라

강제로 이주하게 된 한인들은 쿠바, 하와이, 팔라우, 중국 길림성, 연해주, 카자흐스탄, 키르키즈스탄 등 고국을 등지고 다시는 되돌아올 수 없는 길을 떠나 이역만리 타향땅에서 뿌리를 내려야 했다. 그중에서 러시아 및 카자흐스탄, 키르키즈스탄 등 독립국가연합 일대로 이민한 사람들을 카레이스키라고 부르고 고려인이라고도 한다. 1860년대 조선은 흉년에 따른 기근이 들고 일본의 수탈이 계속되었다. 이에 따라 많은 사람들이 러시아로 이주해 토지를 개척하며 정착했다. 한일합병 후에는 일제 식민통치의 압제를 피하거나, 민족해방운동 근거지로서의 이민이 증가했다. 그러나 한인들은 1930년대 말 소련당국에 의해 중앙아시아로 강제이주당하는 수난을 겪는다. 그리고 사할린에는 일제강점기 말에 징용된 한인들이 많이 살고 있다. '말도 통하지 않고, 몸을 피할 곳도 없는 그 추운 나라에서 얼마나 심한 고생을 했을까?'를 생각하면 같은 동포애로 가슴이 아프다. 나는 평소 '시를 쓰면 불효자도, 불한당도 되지 않는다.'는 말을 대학 강단에서 해왔다. 왜냐하면, 시는 늘 자신을 생각하고 주변을 생각하는 작업이기 때문인데, '시를 쓰면 애국자가 된다.'는 것도 조영래 시인의 시를 통해 느낀다. 보통의 시인들은 풀꽃과 소품들을 쓰는 데 비해, 조영래 시인의 시는 그 스케일이 대단하다. 그는 "우리의 영토는, 한민족 동포는, 러시아 동포의 강제이주 역사, 아메리칸드림을 회상하며, 연해주 부여 유적, 연해주(沿海州)의 염주성(鹽州城), 귀향을 꿈꾸는 카레이스키" 등 우리나라의 아픔을 소재로 삼아 그 상처를 치유하려 들기 때문이다.

새벽 시동 걸고 잠이 깬 탑차는 집하장을 향해
안개 속을 생동감 넘치게 생활전선으로 내달려 간다
하치장 컨베이어 벨트가 상자를 꾸역꾸역 뱉어내면
선별작업으로 짐 싣기에
거의 오전을 꼴깍 넘기고 말지만
일 초도 낭비됨이 없어야 해
한 손엔 운전대 다른 손엔
김밥을 쥐고서 아점을 때우고
차 기름값으로 벌이의 절반 날려 버릴지라도
정든 고객이 기다리는 배달지로 출발한다
허연 숨을 길게 내뿜으며 엘리베이터에 탄 어느 날
한 할머니는 칭찬인지 위로인지
'그 나이에 일하는 게 장하다'라고
차량도 과로도 안전도 상자파손도

책임지는 나는 노동자가 아닌 사장님
주급 수당 받는 택배기사가 사장이니까
들고 뛰고 달려도 아내도 상자도 군말이 없다

- 「택배기사의 하루」 전문

한국만의 빨리빨리 정신은 우리나라를 선진국이자 경제대국으로 성장시켰다. 우리나라에만 있다는 배달문화는 이제 동남아시아와 미국으로 수출되고 있다. 음식을 배달해주고, 세탁물을 배달해주는 문화는 정말 바쁜 도시인들에게 청량제 역할을 한다. 요즘 쿠팡에서 물건을 시키면 그 다음날 새벽에 현관 앞에 물건을 배달해다 놓는다. 출판사를 운영하는 나는 20여 년 동안 로젠택배를 이용한다. 큰 박스는 5,000원, 중간박스는 4,000원, 작은 박스는 3,000원이 내가 이용하는 택배 비용이다. 사업 전반으로 볼 때 부담이 되는 가격이긴 하지만, 한 가지 물건을 부산이나, 목포, 강릉 등지에 가져다주는 가격으로 볼 때 5,000원이라면 너무 싼 가격이다. 그런데 택배업체가 많아져서 어떤 업체가 가격이 저렴하고 빠르게 배달해주는가에 따라 소비자가 이동한다. 우리 소비자들은 빠르고 정확하게 저렴한 비용을 공급받아 좋지만, 택배기사들은 시간과의 싸움이라 늘 바쁘고 분주하다. 택배회사와 택배기사가 나누어 먹는 시스템이라 수량으로 승부해야 하기 때문에 빠르게 행동할 수밖에 없고, 계단을 뛰어오르는 모습은 택배기사의 아이콘이 된 지 오래다. 그러니 식사를 거르는 게 다반사라고 하며, 그나마 김밥이라도 먹으며 운전할 수 있으면 다행이다. 나는 택배회사 쿠팡이 새벽에 배송해주어서 빠르게 받아보니 좋긴 하지만, 젊은 사람들에게 밤잠을 재우지 않고 배달하는 시스템은 반대한다. 정부는 밤잠을 빼앗긴 그들의 건강을 생각해야 한다. 물건을 오후에 받으면 어떤가? 상하지 않은 음식물이라면 하루 늦게 받으면 어떤가? 아무리 경쟁사회라 하지만, 같은 룰을 정해놓고 경쟁했으면 좋겠다. 젊은이들에게 밤잠을 재우지 않고 받는 택배는 빨리 받아도 찜찜하다. 모든 택배회사에서 출근 시간과 배달이 끝나는 시간을 공정하게 정하고, 경쟁했으면 좋겠다.

이상에서처럼 세 가지 방향으로 조영래 시인의 시세계를 살펴보았다. 조영래 시인이 이 시집에서 첫 번째의 중점적 관심은 '인간의 정체성에 대한 고민'이다.

그는 '과연 명예란 무엇이며, 어떻게 사는 것이 올바른 삶인가?'에 대해 끊임없이 묻는다. 그리고 나의 위치에 대하여 반성한다. 두 번째의 관심은 '자연 관찰을 통한 인생 관조'다. 그는 바람에 대하여 다양한 각도로 관찰한다. 꽃과 열매가 존재할 수 있도록 보이지 않는 곳에서 희생하는 흙과 뿌리의 수고에 감사하며 나는 가족과 사회에 어떤 바람인가에 대한 고민의 고삐를 늦추지 않는다. 세 번째의 시적 관심은 '우주적인 통찰력 미래지향적 사고'다. 해와 달의 운용, 자전과 공전, 풍우에 대한 관심은 결국 나약한 인간의 우주에 대한 승복이며, 인류 불멸에 대한 소망이자, 시인들의 역할론 재고다. 따라서 나는 조영래 시인의 시집을 "자연 관찰, 우주 통찰의 정체성 시학"이라 말하고 싶다. 이처럼 사유 깊은 시집을 우리 도서출판 문학공원에서 펴내게 돼 기쁘고, 이 시집이 독자를 만나러 갈 생각에 고무된다.

조영래 시집

바람은 길이다

초판발행일 2023년 12월 22일

지은이 : 조영래
펴낸곳 : 도서출판 문학공원
발행인 : 김순진
편집장 : 전하라
디자인 : 김초롱
등　록 : 2004년 3월 9일 제6-706호
주　소 : (우편번호 03382)서울 은평구 통일로 633
녹번오피스텔 501동 302호 스토리문학사
전　화 : 02-2234-1666
팩　스 : 02-2236-1666
홈페이지 : https://blog.naver.com/ksj5562
이메일 : 4615562@hanmail.net